문법이 쓰기다 서술형 집중훈련에는
서술형 · 수행평가를 단기간에 대비하는 똑똑한 방법이 있습니다.

10일 만에 중간, 기말 대비가 된다!
시험 전에 집중적으로 매일매일 Part별로 학습하면 서술형과 수행평가 대비를 빠르게 준비할 수 있습니다.

4주 만에 중학 필수 영문법이 마스터 된다!
방학 기간 동안에 핵심적인 문법 개념과 Writing을 완성하여 서술형이 포함된 지필고사와 수행평가를 미리미리 대비할 수 있습니다.
방학 특강용이나 학원 보조용으로 『문쓰다 서술형 집중훈련』의 문법 + Writing을 학습하세요.

문법이 쓰기다 서술형 집중훈련에는
문법 단기 완성 ⊕ 시험 대비 ⊕ 복습의 3단 합체로 서술형 · 수행평가를 대비합니다.

개념과 활용의 명확한 구성
서술형 문제의 핵심이 되는 문법 개념을 단계적·체계적으로 학습할 수 있도록 구조화하였습니다. 쓰기에 꼭 필요한 문법 요목을
정리하여 단기간에 학습할 수 있고, 단계적으로 훈련하여 낯설고 어려운 서술형 문제를 쉽게 풀 수 있게 해 줍니다.

문법 단기 완성 + 시험 대비 + 복습의 3단 합체
세분화된 문법의 기초를 세우고 Sentence로 서술형 시험을 대비합니다. 그리고 〈문법 Review + 숙제용〉으로 복습을 하면서
서술형 기본과 심화까지 3단 합체로 어떤 시험에도 대비가 됩니다.

문쓰다 서술형 집중훈련으로 빠르게 서술형 쓰기가 가능한 이유

특징 1	필수 쓰기 문법	✔ 체계적으로 세분화된 쓰기를 위한 요목으로 문법을 학습하니까!
특징 2	기본 다지기	✔ 기본 확인과 문장 쓰기로 서술형을 두 번 훈련하니까!
특징 3	반복 시스템	✔ 핵심 개념 이해, 서술형 기본 학습과 심화 학습으로 재반복하니까!

강화 · 확대되는 **서술형, 수행평가**를 ·단기간에· **대비**하는 **똑똑한 방법**

문법이 쓰기다 서술형 집중훈련 으로 공부하는 것

✔ **권수** 3권(학년별) | 본문 160p (1 · 3학년), 152p(2학년)

✔ **대상**
• 단기간에 서술형, 수행평가 문장쓰기 훈련이 필요한 중학생
• 『중학 문법이 쓰기다』와 함께 심화된 서술형, 수행평가 대비가 필요한 중학생

✔ **특징** 『중학 문법이 쓰기다』와 함께 보충용 학습이나 방학 특강용으로 최적

문법이 쓰기다 서술형 집중훈련만의 특장점

▶ 서술형 문제의 핵심이 되는 문법 개념을 단계적이고 체계적으로 학습할 수 있도록 구조화하였습니다.

▶ 낯설고 어려운 서술형 문제에 쉽게 접근하고 쉽게 친해질 수 있도록 구성하였습니다.

▶ 학교 기출 문제와 수행평가를 기초로 하여 본질적인 서술형 문항을 엄선하여 실었습니다.

문법이 쓰기다 서술형 집중훈련 서술형, 수행평가에 최적화

▶ 체계적으로 세분화된 쓰기 요목으로 4주 또는 10일 만에 문법을 배우면 문장 쓰기가 가능해집니다.

▶ 기출을 분석하여 서술형과 수행평가의 구성 원리를 이용한 훈련 방식으로 문장을 구성해야 하는 서술형, 수행평가에 적합합니다.

▶ 중학 문법 기초를 복습하고 문법을 활용하는 문장 구성력을 키울 수 있어 단기간에 서술형이나 수행평가에 자신감이 생깁니다.

good!

서술형, 수행평가 강화

✔ **수행평가로 교과 성적 산출 강화**

2016년부터 초·중 시험에서 중간, 기말고사와 같은 **지필고사** 대신 → **서술형 수행평가** 만으로 성적 산출이 **가능**

서울시 교육청도 수행평가 확대를 담은 '2016학년도 중등평가 시행 계획'을 발표하여 '학교생활기록 및 관리'를 수업활동과 연계해 평가방식이 다변화할 것으로 예상

영어는 중등평가에서 말하기·듣기·**쓰기를 전체 평가의 50% 이상 반영하도록** 확대 출제

✔ **영어 수행평가**

영어 듣기 평가 외에도 말하기·쓰기 평가는 문장의 이해와 적용에 있으며 주요 문장이나 일기 영작하거나 상황에 맞게 말하기임

기존에 암기 위주의 지필고사와 달리 수행평가에서는 **말하기, 쓰기 실력 자체를 키우는 것이** 최우선

서술형, 수행평가
내신 시험의 결정적 요인!!

서술형 진단평가
내 서술형 능력은 어디쯤일까?

중학교 2학년 1학기에 나오는 교과 문법으로 구성된 서술형 문제들입니다.
본인의 맞는 개수에 따라 자신의 실력을 점검해 보세요.
그리고 실력 향상을 위해 어떻게 공부하고 계획을 짜야 하는지 살펴 보세요.

▶ 출제 범위 : 중학 2학년 1학기 중간 교과 문법
▶ 평가 문항 : 20문항
▶ 평가 시간 : 15분

중학 2학년

서술형 진단평가

평가 시간: 1

[01~04] 보기의 동사들을 활용하여 우리말에 맞게 문장을 완성하시오.

〈보기〉

| cause | sound | plant | buy |

01 꽃은 정원사들에 의해 심어진다.

→ Flowers _____ by gardeners.

02 많은 사고들이 실수로 일어났다.

→ Many accidents _____ by mistakes.

03 우리는 그들이 충분한 음식을 사게 한다.

→ We make them _____ enough food.

04 그 목소리는 친숙하게 들린다.

→ The voice _____ familiar.

[05~06] 다음 표를 보고 주어진 우리말에 맞게 문장을 쓰시오

	3 hours ago	now
Dipper	started reading a book	is still reading a book
Mabel	started playing soccer	is still playing soccer

05 Dipper는 3시간 전에 책을 읽기 시작했다.

→ _____

06 Mabel은 3시간 동안 축구를 하고 있다.

→ _____

[07~10] 다음 두 문장의 뜻이 같도록 빈칸에 알맞은 말을 쓰
문장을 완성하시오.

07 Someone sends you gifts.

= Someone sends _____ _____ _____ .

08 He bought me some food.

= He bought _____

「중학 문법이 쓰기다 서술형 집중훈련」에는
내신의 핵심, 서술형·수행평가를 확실히 대비하는 특별한 구성으로 되어 있습니다.

▶ **개념과 활용의 명확한 구성!**
서술형 문제의 핵심이 되는 문법 개념을 단계적. 체계적으로 학습할 수 있도록 구조화 하였습니다. 쓰기에 꼭 필요한 문법 요목을 정리하여 빠르게 배우고, 단계적으로 훈련하여 낯설고 어려운 서술형 문제를 쉽게 풀 수 있게 해 줍니다.

▶ **문법 완성 + 시험 대비 + 복습의 3단 합체!**
세분화된 문법의 기초를 세우고 Sentence로 서술형 시험을 대비합니다. 그리고 <문법 Review+숙제용>으로 복습을 하면서 서술형 기본과 심화까지 바로 써 먹는 3단 합체로 어떤 시험에도 튼튼하게 대비가 됩니다.

유형	단어	예시	난이도
석보고 문하기	단문	나는 그가 중학생인지 궁금하다. --> I _____ _____ he is a middle school student.	下
	글-단문	Bora plans to come home around 3 p.m. 하지만 결국 오후 6시경에 집에 돌아오게 된다. --> _____.	上
가 통하게 완성하기	단문 / 글-단문	You can see this ball in the dark. --> This ball _____ in the dark.	下/中
	단문 / 글-단문	목적어를 강조하는 문장으로 바꿔 쓰시오. Jim made this cake yesterday. --> _____.	中
에 맞게 열하기	단문	had, I, water, flowers, the, my, sister (나는 내 여동생이 꽃에 물을 주게 했다) --> _____	下
	대화문	A : Sandy, (you, very, rich, would, if, what, were, do, you)? B : I don't know.	中
!림, 글 -영작하기	단문	11:00 > 소년 2명이 소파에 앉아서 책 읽는 모습 12:00 > 소년 2명이 여전히 소파에 앉아서 책 읽는 모습 The boys _____ since 11 o'clock.	下
	글	After the video, Mr. O'Neill taught us a chant. He said many children in Ireland love it. The chant was very simple. So, _____ _____ easy tossing along.	上
(문맥)에 영작하기 게 답하기/ 로 만들기	단문	Amy is angry because I didn't call her. --> Amy: 'I _____ _____ _____ her.'	下
	대화문	A : Is there anything wrong? B : I lost my cellphone. _____? A : Well, I think you should try the Lost and Found first.	下
	글	You saw an ad about a new smartphone in the newspaper this morning. At school, your friend asks if you heard about the new smartphone.	中
세부내용 -질문에 답하기	글	They have to walk many hours to get water. The problem is that water is too heavy to lift and carry a long distance. So, South African designers came up with ~~ Q. Why is the container called the Q Drum? A. _____.	
	글	글의 요지를 한문장으로 쓰기 Then, consider how much it costs to make the product. Finally, you can come up with a reasonable price. --> Steps to _____ a product's _____.	

진단평가 정답

lanted **2.** were caused **3.** buy **4.** sounds **5.** Dipper started reading a book 3 hours ago. **6.** Mabel has been playing soccer for 3 hours.
to you **8.** some food for me **9.** have lost **10.** has left **11.** has learned Chinese **12.** I made my mom a cake. **13.** I made her accept the offer
n't examined regularly. **15.** Were the bottles put on the shelf? **16.** made **17.** I'm going to tell her our plan for the school bazaar.
give the message to her. **19.** ① came ② have been staying **20.** I haven't visited there yet.

서술형 집중훈련이 특별한 이유

1
단기간에 서술형 완성

「중학 문법이 쓰기다 서술형 집중훈련」에는
내신의 핵심, 서술형·수행평가를 빠르게 대비하는 똑똑한 방법이 있습니다.

▶ **10일 만에 중간, 기말 대비가 된다!**
시험 전에 집중적으로 서술형과 수행평가를 빠르게 준비할 수 있습니다.

▶ **4주 만에 중학 필수 영문법이 마스터 된다!**
방학 기간 동안에 <문쓰다 서술형 집중훈련>으로 서술형이 포함된 지필고사와 수행평가를 미리 준비하세요.

3 최신 기출 서술형 유형 반영

유형	단어	예시	난이도
어색한 어법 고치기	글-단문	Alex transformed <u>the way how</u> people think about bird brains.	下
	단문	My mom had her car repaired. Let her <u>to do</u> as she likes.	中
	글	In some countries, farmers can't keep vegetables and fruits fresh for a long time <u>because of</u> they don't have enough electricity.	上
단어 넣어 완성하기	단문	1) You should take _____ your shoes when you enter a house. 2) My flight will take _____ at 10.	中
	대화문	A : Excuse me. I'm looking ____ rain boots. B : OK. Let ____ show you some of our popular models. A : _____ rain boots _____ _____ _____?	上
표현 넣어 완성하기	단문	Many of them make less than <u>하루에 2달러</u>(day, dollar), so it's too expensive.	中
	글	This city is _____ _____ (~와는 거리가 먼) ordinary. The main street _____ _____ (~로 이어지다) a lake. There are many crocodiles in the lake _____. (또한)	上
	대화문	A : Welcome to Hollywood Theater. May I help you? B : Yes, ____(A)____ for Star Wars at 3:30? (표 2장을 살 수 있을까요?)	上
주어진 단어 활용해서 완성하기	단문	John은 그의 학교에서 다른 어떤 학생보다 더 빨리 달린다. (fast, student) = John runs _____ than _____ in his school.	下
	대화문	A : I think Jane is fashionable. B : _____ _____ _____ _____? (think, make) A : Well, she always wears nice clothes.	中
	글	The word sideburns (A)_____(come) the name of U.S. Army General Ambrose E. Burnside. ~~ At first, the word burnsides (B)_____(coin) describe this unique style. The word (C)_____(change) sideburns later.	上
주어진 두 문장을 한문장으로 바꾸기	단문	The boy got to the bus stop. The bus already left. = _____ when the boy got to the bus stop.	中
	글-단문	I started teaching English at a Korean high school two years ago. I'm still teaching English at a Korean high school. = _____.	上

서술형 진단평가 실력 확인

내 실력은 어느 정도일까?

기초준비 필요!
문제 14~20번을 많이 틀렸다면!
4주 동안 개념과 서술형 문제로 기본을 완성해요.

Go for it!
문제 14개 이하 정답
매일매일 코스로 개념을 정리하고 서술형 문제를 풀어봐요!

Well done!
문제 18개 이상 정답
대단하네요! 서술형 만점에 도전하여 수행평가까지 완성하세요!

Good Job!
문제 20개 정답
너무 잘했어요! 1학기 서술형은 문제없어요. 그렇다면 10일 코스로 빠르게 2학기까지 준비하세요!

09

> I lost my cellphone two days ago.
> I still can't find it.

= I _____ _____ my cellphone.

10

> Henry left for Germany.
> He is not here now.

= Henry _____ _____ for Germany.

11 다음 빈칸에 들어갈 말로 알맞지 <u>않은</u> 것을 보기에서 골라 쓰시오.

> She _____ two days ago.

〈보기〉

- was sick
- drew my portrait
- has learned Chinese
- went to the British Museum

[12~15] 다음 우리말에 맞게 주어진 단어들을 활용하여 대화를 완성하시오.

12

> A : What did you do last weekend?
> B : <u>나는 엄마에게 케이크를 만들어 드렸어.</u>
>   (make) (*4형식 문장으로 쓸 것)

→ _____

13

> A : <u>나는 그녀가 그 제안을 받아들이게 했어.</u>
>   (accept, the offer) (*5형식 문장으로 쓸 것)
> B : You did a good job.

→ _____

14

> A : You had better not drive that car.
>   <u>그것은 정기적으로 점검을 받지 않아.</u>
>   (examine, regularly)
> B : Oh, then I will take a taxi.

→ _____

15

> A : <u>그 병들은 그 선반 위에 놓여졌니?</u>
>   (put, the bottles, shelf)
> B : No, they were put next to the window.

→ _____

16 다음 빈칸에 공통으로 알맞은 말을 쓰시오.

> · I _____ him buy a new car.
>   (내가 그에게 새 차를 사게 했다.)
> · He _____ me wooden chopsticks.
>   (그는 나에게 나무 젓가락을 만들어 주었다.)

→ _____

[17~18] 다음 글을 읽고 물음에 답하시오.

> A : Hello. This is Minsu.
>   May I speak to Mina, please?
> B : I'm sorry, but she is not at home now.
>   Do you want to leave a message?
> A : Yes, please. (A) <u>그녀에게 학교 바자회를 위한 우리의 계획을 말해주려고 해요.</u>
> B : Okay. (B) <u>I'll give her the message.</u>

17 (A)의 우리말에 맞게 주어진 단어를 바르게 배열하여 문장을 완성하시오.

> tell, for the school bazaar, I'm going to, our plan, her

→ _____

18 (B)의 문장을 3형식으로 전환하여 쓰시오.

→ _____

[19~20] 다음 글을 읽고 물음에 답하시오.

> I ① <u>come</u> to Korea two days ago. Minsu picked me up at the airport. I ② <u>stay</u> at his house for two weeks. I am playing with her sisters. Have you visited Han River Park? (A) <u>나는 그곳에 아직 가 보지 않았다.</u>

19 위 글의 ①, ②를 알맞은 형태로 고쳐 쓰시오.

① _____ ② _____

20 (A)의 우리말에 맞게 주어진 단어를 활용하여 문장을 쓰시오. (visit, there)

→ _____

문법이 쓰기다 서술형, 이래서 공부해야 한다.

▶ 단기간에 내신 고득점을 위한 필수 사항

내신 시험에서 서술형뿐만 아니라 말하기, 쓰기의 수행평가의 비중이 점차 높아지고 있으며, 그 비중은 50% 이상까지 점차적으로 확대될 예정입니다. 그러므로 중간·기말고사 기간 동안 내신 시험의 결정적 요인인 서술형이나 말하기, **쓰기의 수행평가를 단기간에 대비해야 합니다.** 그리고 그 대비책인 〈문법이 쓰기다 서술형 집중훈련〉은 내신 고득점을 위한 선택 사항이 아니라 **필수 사항입니다.**

▶ 단기간에 개념 및 활용이 가능한 명확한 구성

문법을 어렴풋이 아는 단순 이해가 아니라 문장 구성력을 갖추어 문장 쓰기, 말하기가 가능하지 않으면 내신 점수를 얻을 수가 없습니다. 알되, 정확히 알아야 서술형 문제를 풀 수 있습니다. 따라서 서술형 훈련을 통해 단순 암기식이 아니라 **문장에 대한 정확한 활용도를 높일 수 있는** 〈문법이 쓰기다 서술형 집중훈련〉으로 공부해야 합니다.

▶ 단기간에 변화 규칙, 문장 쓰기, 기출 서술형의 3단계 적용

기계적으로 대입하고 바꾸는 유형을 지양하고 문법 기초 지식과 논리적인 사고력이 필요한 유형들을 개발하여 논리적인 사고와 다양한 활용 과정을 통해 기본도 다지고, 실전에도 강해집니다. 기출 서술형의 철저한 분석을 통해 **drill – error recognition / correction – ordering – writing** 등의 촘촘하고 **꼭 필요한 문제 유형의 3단계 문제 시스템으로 내신 만점**을 맞을 수 있습니다.

문법이 쓰기다 서술형, 이래서 단기 완성형이다.

▶ 문법이 쓰기다 서술형 집중훈련, 문장의 변화 규칙으로 대비!

서술형은 단순히 문법을 평가하는 시험이 아니라 **정확한 쓰기, 활용도에 중점**을 두기 때문에 문법 사항뿐 아니라 **문장에 대한 규칙도 빠르게 정리할 수 있게 합니다.**

▶ 문법이 쓰기다 서술형 집중훈련, 문장 구성력 향상으로 대비!

서술형이나 수행평가의 쓰기 등을 분석해 보면 문법을 활용하는 문장 구성력이 꼭 필요한 실력임을 알 수 있습니다. 〈문법이 쓰기다 서술형 집중훈련〉은 이런 **문장 구성력을 단기간에 키울 수 있게 문제 유형들을 제시**하고 있습니다.

▶ 문법이 쓰기다 서술형 집중훈련, 서술형 기본+심화 문항으로 대비!

배운 내용을 복습하면서 **문장 쓰기, 서술형 기본과 심화를 동시에 훈련**할 수 있게 구성하였습니다.

문법 단기 완성 ➕ 시험 대비 ➕ 복습 파워의 3단 합체!

1 문법 완성 및 쓰기

문법을 빠르게 정리하고 싶다고요?
문법의 뼈대 세우기부터 수준별 응용,
서술형 문제까지 한 번에 정리할 수
있어요.

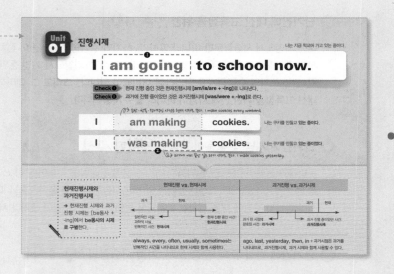

2 문법 Reiview + 숙제용

다시 까먹지 않게 복습!
문법 사항과 문장 규칙을 다시 복습해
보는 중요한 부분이에요. 숙제로도 활용
해 보세요.

배웠으면 써먹어라~!
요목별로 배운 내용으로 가장 자주 출제
되는 서술형 유형별로 다각도로 복습
해요. 숙제만 잘해도 까먹을 염려는
없어요!

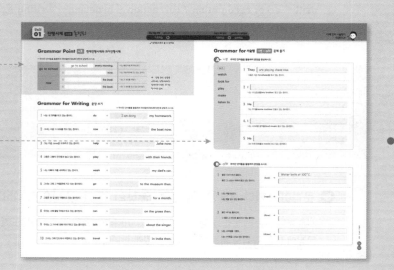

3 수행평가

각 문법 요목별로 가장 자주 출제되는
서술형 유형으로 수행평가를 만들었어요.
짧지만 구성이 알차고 좋은 문제로, 꼭
도전해 보세요.

단원 도입

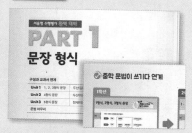

✔ 흥미로운 단원 소개

이번 단원에서 학습할 문법 요목을 먼저 훑어보고 학습을 시작하면 더 집중하여 공부할 수 있습니다. 더불어 학년별 연계되는 부분도 확인 가능!

Grammar 비교하며 고르기

✔ 중요 문법을 명쾌하게 확인

문제를 풀며 문장의 기본을 잡을 수 있는 코너입니다. 비교되는 check 문제를 바로 풀어 잘 이해했는지 확인해 보세요.

Sentence 비교하며 쓰기

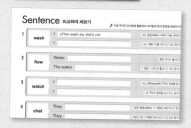

✔ 핵심 문법이 포함된 문장쓰기

기출 서술형의 분석을 통해 다양한 유형의 쓰기 문제를 제시하고 있습니다. 기본 실력과 실전력을 동시에 올려 보세요!

Grammar 기초

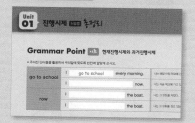

✔ 문법 개념을 한번에

개념 확인 문제로 앞서 배운 문법을 확인하고, 실력까지 점검해 보세요.

서술형 Writing 기초

✔ 문법 쓰기학습과 접목

학습한 문법을 실제 써 보세요. 이미 배운 예문들로 구성해서 어렵지 않답니다.

서술형 Writing 기본 · 심화

✔ 내신 서술형 문제에 완벽 대비

문제가 지시하는 대로 답안을 써 보세요. 서술형 문제는 완벽한 문장의 형태로, 어순이나 형태에 맞도록 쓰는 것이 감점을 줄이는 길이라는 것, 기억하세요.

정답과 해설

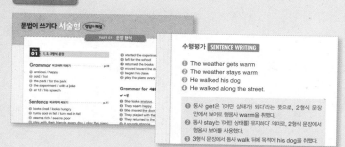

✔ 문제에 대한 친절한 설명

정답을 확인하고 추가 설명 등을 찾아 보세요. 잠시 잊고 있던 내용들이 다시 기억날 거예요.

이런 순서로 공부해요!

중학 영문법, 쓸 수 있어야 진짜 문법이다! **문법이쓰기다** 시리즈의 새로운 공식

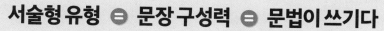

서술형 유형 ⊜ 문장 구성력 ⊜ 문법이쓰기다

중학영문법

문법이 쓰기다 서술형

서술형 수행평가 **완벽 대비**

PART 1

문장 형식

구성과 교과서 연계

Unit 1	1, 2, 3형식 문장	두산(김) 3과, 천재(김) 10과
Unit 2	4형식 문장	두산(이) 1과, 비상(이) 8과
Unit 3	5형식 문장	천재(이) 6과, 두산(이) 6과
문법 마무리		

✅ 중학 문법이 쓰기다 연계

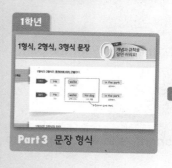

Part 3 문장 형식

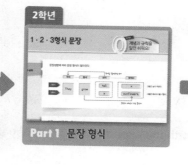

Part 1 문장 형식

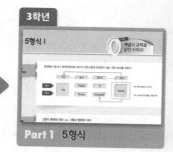

Part 1 5형식

1, 2, 3형식 문장

그 케이크는 맛있어 보인다.

The cake ┊ looks delicious. ❶

Check ❶ 2형식 보어 자리에 형용사를 사용하는 동사들이 있다.
Check ❷ 1, 3형식은 동사 뒤의 목적어 유무가 다르다.

| The project | began. | | 그 프로젝트는 시작되었다. (1형식) |
| We | began | the project. ❷ | 우리는 그 프로젝트를 시작했다. (3형식) |

2형식 감각동사 뒤에 [전치사 like + 명사]가 오기도 한다.

2형식과 1, 3형식 문장
→ 2형식은 동사 다음에 **형용사 보어**가 올 수 있다. 3형식은 동사 뒤에 **목적어**가 오지만, 1형식은 [**주어 + 동사**]로 이미 완전한 문장이다.

✔ 형용사 보어를 취하는 2형식 동사
① 감각동사: look, feel, sound, taste
② become동사: grow, turn, get
③ 유지동사: be, keep, stay
④ 판단동사: seem, appear

✔ 1형식 vs. 3형식

	주어	동사	목적어	전치사 + 명사
1형식	Thomas	left	x	for the building. 그 건물로
3형식			the building. 그 건물을	

💬 Grammar 비교하며 익히기 ▪ 우리말에 맞게 고르시오.

1 그는 / 보인다 / 불안해하는.

He looks anxiously / (anxious) .

그는 / 보인다 / 행복한.

He looks happy / happily .

2 날씨가 / 된다 / 추운 / 겨울에.

The weather turns coldness / cold in winter.

날씨가 / 된다 / 더운 / 여름에.

The weather turns hot / hotter in summer.

3 그녀는 / 떠났다 / 그 공원을.

She left the park / for the park .

그녀는 / 떠났다 / 그 공원으로.

She left the park / for the park .

4 그들은 / 시작했다 / 그 실험을.

They started the experiment / with the experiment .

그들은 / 시작했다 / 농담과 함께.

They started a joke / with a joke .

5 그의 연설은 / 시작됐다 / 12시에.

His speech began 12 / at 12 .

그는 / 시작했다 / 그의 연설을 / 12시에.

He began his speech / at his speech at 12.

Sentence 비교하며 써보기

✎ 다음 동사들을 활용하여 우리말에 맞게 문장을 완성하시오.

1 look

He | looks tired. | 그는 / 보인다 / 피곤한.
He | | 그는 / 보인다 / 배고픈.

2 turn

The weather | | 날씨가 / 된다 / 시원한 / 가을에.
The leaves | | 그 나뭇잎들은 / 된다 / 붉은 / 가을에.

3 seem

He | | 그는 / 보인다 / 부유한.
He | | 그는 / 보인다 / 가난한.

4 play

They | | 그들은 / 논다 / 그들의 친구들과 함께 / 매일.
They | | 그들은 / 연주한다 / 피아노를 / 매일.

5 move

She | | 그녀는 / 움직였다 / 그 문을.
She | | 그녀는 / 움직였다 / 그 문 쪽으로.

6 return

They | | 그들은 / 반납했다 / 그 책들을.
They | | 그들은 / 돌아갔다 / 그 학교로.

7 begin

She | | 그녀는 / 시작했다 / 그녀의 수업을.
Her class | | 그녀의 수업은 / 시작됐다 / 9시에.

수행평가 SENTENCE WRITING

■ 다음 주어진 단어들을 활용하여 우리말에 맞게 문장을 완성하시오.

stay, get

① The weather gets warm in spring.
날씨가 봄에 따뜻해진다.

② _____ until May.
날씨가 5월까지 따뜻하게 유지된다.

walk

③ _____ yesterday.
그는 그의 개를 어제 산책시켰다.

④ _____
그는 그 길을 따라(along the street) 걸었다.

Grammar Point 기초 2형식과 1, 3형식 문장

■ 주어진 단어들을 활용하여 우리말에 맞도록 빈칸에 알맞게 쓰시오.

taste look	2형식	The pizza	tastes salty.	짠맛이 난다
		The pizza		맛있어 보인다
leave	1 · 3형식	Thomas		그 건물로 떠났다
		Thomas		그 건물을 떠났다

➜ 2형식 문장에서 형용사 보어를 취하는 동사들이 있다. 1형식과 3형식은 동사 뒤 목적어의 유무가 다르다.

Grammar for Writing 문장 쓰기

■ 주어진 단어들을 활용하여 우리말에 맞도록 빈칸에 알맞게 쓰시오.

1 막대사탕은 맛있다.   **taste**   → A lollipop   tastes delicious.

2 그는 오늘 초조해 보인다.   **seem**   → He

3 그 목소리는 친숙하게 들린다.   **sound**   → The voice

4 그 드레스는 예뻐 보인다.   **look**   → The dress

5 그들은 그 실험을 시작했다.   **start**   → They

6 그녀는 그 학교로 떠났다.   **leave**   → She

7 그들은 그 책들을 반납했다.   **return**   → They

8 그녀는 그 문 쪽으로 움직였다.   **move**   → She

9 그는 그의 수업을 시작했다.   **begin**   → He

10 그들은 매일 피아노를 연주한다.   **play**   → They

이제 진짜 서술형이
해결된다!!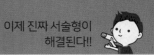

Grammar for 서술형 기본·심화 문제 풀기

A 기본 우리말에 맞게 다음 문장에서 틀린 부분을 찾고 문장을 다시 쓰시오.

1 She looks anxiously. → She looks anxious.
그녀는 불안해 보인다.

2 They seem happily. →
그들은 행복해 보인다.

3 She moved with the door. →
그녀는 그 문을 움직였다.

4 They played their friends. →
그들은 그들의 친구들과 함께 놀았다.

5 They returned the school. →
그들은 그 학교로 돌아갔다.

6 It sounds strangely. →
그것은 이상하게 들린다.

B 심화 우리말에 맞게 다음 대화에서 틀린 부분을 모두 찾아 고치시오.

Jacob: How was your science class?	네 과학 수업은 어땠니?
Audrey: It was interesting.	재미있었어.
My teacher started a joke.	우리 선생님은 농담과 함께 시작했어.
Jacob: Really?	정말?
Audrey: It was so fun. My classmates looked excitedly.	정말 재미있었어. 내 학급 친구들은 즐거워 보였어.

1

2

그는 나에게 조언을 해 주었다.

He 〔 gave ❷ 〕 〔 me advice. ❶ 〕

Check ❶ ▶ 4형식 문장의 **수여동사**는 '~에게 …을 (해) 주다'의 의미로 **2개의 목적어**를 가진다.
Check ❷ ▶ 주요 수여동사는 **give, lend, buy, teach, ask, tell, hand, send, show, pass, make, get** 등이다.

4형식에서는 간접목적어(~에게)가 직접목적어(~을) 앞에 온다.

I	lent	you	this cellphone.

나는 너에게 이 휴대전화를 빌려 주었다.

I	bought	you	this cellphone.

나는 너에게 이 휴대전화를 사 주었다.

4형식 문장의 전환

→ 수여동사를 사용하는 4형식 문장은 **전치사를 사용하여 3형식 문장으로 전환**할 수 있다.

		[간접목적어]	[직접목적어]
[4형식] You	gave	me	a pot.
[3형식] You	gave	a pot **to**	me.

너는 나에게 냄비를 주었다.

전치사 to를 사용하는 동사
give, lend, show, tell, send, pass, teach, hand

		[간접목적어]	[직접목적어]
[4형식] We	made	her	a cake.
[3형식] We	made	a cake **for**	her.

우리는 그녀에게 케이크를 만들어 주었다.

전치사 for를 사용하는 동사
buy, make, get, find

* ask는 전치사 of를 사용할 수 있다.

📝 Grammar 비교하며 익히기 · 우리말에 맞게 고르시오.

1 나는 너에게 냄비를 주었다.

I gave (you a pot) / a pot you .

나는 너에게 작은 강아지를 주었다.

I gave   a little dog you / you a little dog .

2 그녀는 나에게 계산서를 가져다주었다.

She got   a bill me / me a bill .

그녀는 나에게 우비를 가져다주었다.

She got   me a raincoat / a raincoat me .

3 그는 그녀에게 그의 차를 빌려 주었다.

He lent   her his car / his car her .

그는 그녀에게 그의 노트북을 빌려 주었다.

He lent   her his laptop / his laptop her .

4 너는 그에게 젓가락을 건네 주었다.

You passed   chopsticks him / him chopsticks .

너는 그에게 배낭들을 건네 주었다.

You passed   him backpacks / backpacks him .

5 그녀는 나에게 책 한 권을 사 주었다.

She bought   a book me / me a book .

그녀는 나에게 잡지 한 권을 사 주었다.

She bought   me a magazine / a magazine me .

Sentence 비교하며 써보기

✎ 다음 동사들을 활용하여 우리말에 맞게 문장을 완성하시오.

1 **ask**

I | asked him a question.
I | asked a question of him.

나는 그에게 질문 하나를 했다. (4형식)
나는 그에게 질문 하나를 했다. (3형식)

2 **send**

She
She

그녀는 나에게 편지를 보냈다. (4형식)
그녀는 나에게 편지를 보냈다. (3형식)

3 **teach**

I
I

나는 그들에게 과학을 가르쳐 준다. (4형식)
나는 그들에게 과학을 가르쳐 준다. (3형식)

4 **lend**

He
He

그는 너에게 그릇 몇 개를 빌려 주었다. (4형식)
그는 너에게 그릇 몇 개를 빌려 주었다. (3형식)

5 **get**

We
We

우리는 그녀에게 프라이팬을 가져다주었다. (4형식)
우리는 그녀에게 프라이팬을 가져다주었다. (3형식)

6 **make**

My mom
My mom

우리 엄마는 나에게 수프를 만들어 주었다. (4형식)
우리 엄마는 나에게 수프를 만들어 주었다. (3형식)

7 **show**

You
You

너는 나에게 그림을 보여 주었다. (4형식)
너는 나에게 그림을 보여 주었다. (3형식)

수행평가 SENTENCE WRITING

■ 다음 표를 보고 주어진 형식에 맞게 영어 문장을 쓰고 우리말로 알맞게 쓰시오.

	4형식	3형식
①	passed, a postcard, me	
②	found, a toy car, her	

① She ___passed me a postcard.___ (4형식)

She _____ (3형식)

→ 그녀는 _____

② I _____ (4형식)

I _____ (3형식)

→ 나는 _____

✔ 숙제용으로도 쓸 수 있어요.

Grammar Point [기초] 4형식과 3형식으로의 전환

▪ 주어진 단어들을 활용하여 우리말에 맞도록 빈칸에 알맞게 쓰시오.

you, this cellphone	I gave	you this cellphone.	(4형식)	나는 너에게 이 휴대전화를 주었다.
her, a cake	We made		(4형식)	우리는 그녀에게 케이크를 만들어 주었다.
	We made	for	(3형식)	

→ 4형식 수여동사 뒤에 오는 목적어의 순서를 기억하고, 3형식으로 전환 시 목적어의 어순, 동사에 따른 다른 전치사 사용에 유의한다.

Grammar for Writing 문장 쓰기

▪ 주어진 단어들을 활용하여 우리말에 맞도록 빈칸에 알맞게 쓰시오.

1 그녀는 나에게 계산서를 가져다 주었다.
   (4형식)   **a bill**   → She got   me a bill.

2 나는 그녀에게 배낭들을 건네 주었다.
   (4형식)   **backpacks**   → I passed

3 그녀는 우리에게 과학을 가르쳐 주었다.
   (4형식)   **science**   → She taught

4 그는 나에게 작은 강아지를 주었다.
   (4형식)   **a little dog** → He gave

5 그녀는 그들에게 단풍나무들을 보여 주었다.
   (4형식)   **maple trees** → She showed

6 너는 그에게 서류들을 건네 주었다.
   (3형식)   **documents**   → You handed

7 그들은 그에게 이야기책들을 사 주었다.
   (3형식)   **storybooks**   → They bought

8 그녀는 너에게 무엇인가를 말해주었다.
   (3형식)   **something**   → She told

9 나는 너에게 그릇 몇 개를 찾아 주었다.
   (3형식)   **some plates** → I found

Grammar for 서술형 기본·심화 문제 풀기

Ⓐ 기본　주어진 단어들을 활용하여 4형식 문장을 완성하시오.

1	나는 그녀에게 장난감 자동차를 찾아 주었다. (find, a toy car)	→ I	found her a toy car.
2	나는 그에게 질문 하나를 했다. (ask, a question)	→ I	
3	그는 나에게 그의 노트북을 빌려 주었다. (lend, his laptop)	→ He	
4	그녀는 그에게 우비를 가져다주었다. (get, a raincoat)	→ She	
5	그녀는 나에게 엽서 하나를 건네 주었다. (pass, a postcard)	→ She	

Ⓑ 심화　주어진 단어들을 활용하여 3형식 문장을 완성하시오.

1	그는 너에게 기회를 주었다. (give, a chance)	→	He gave a chance to you.
2	너는 나에게 커피 한 잔을 사 주었다. (buy, a cup of coffee)	→	
3	누군가 너에게 선물들을 보냈다. (send, gifts)	→	
4	나는 그에게 새 휴대전화들을 보여 주었다. (show, new cellphones)	→	
5	너는 그에게 나무 젓가락을 만들어 주었다. (make, wooden chopsticks)	→	
6	그녀는 그에게 질문을 하나 했다. (ask, a question, of)	→	

Jena는 그가 소리 지르는 것을 들었다.

Jena ┆ heard ┆ him ┆ shout.

Check❶ 대표적인 5형식 동사는 **see, hear** 등의 **지각동사**와, **have, make, let**(~하게 하다) 등의 **사역동사**이다.

Check❷ 지각동사와 사역동사는 목적어 뒤 **목적격 보어** 자리에 **동사원형**을 취할 수 있다.

→ 주요 지각동사: see, watch, observe, hear, listen to, feel

| I | saw | her | cry. | 나는 그녀가 우는 것을 보았다. |

| I | made | her | cry. | 나는 그녀가 울게 만들었다. |

→ 주요 사역동사: have, make, let

지각, 사역동사의 목적격 보어

→ 목적어와 목적격 보어의 관계에 따라 **목적격 보어**의 형태가 달라질 수 있다.

	주어	동사	목적어	목적격 보어	
지각 동사	I	saw	you	**leave.**	떠나는 것을 봤다
				leaving.	떠나고 있는 것을 봤다
사역 동사		had		**leave.**	떠나게 했다

목적어의 동작이 진행 중임을 강조할 때는 목적격 보어 자리에 -ing형태를 사용

* 목적어와 목적격 보어의 관계가 수동일 때, 목적격 보어 자리에 과거분사가 올 수 있다.
I saw a thief arrested. 도둑이 체포 되어지는 대상
I had my hair dyed. 머리카락이 염색 되어지는 대상

🗸 Grammar 비교하며 익히기 ▪ 우리말에 맞게 고르시오.

1 나는 그가 요리하는 것을 봤다.

I watched (him cook) / him to cook .

나는 그가 게임을 하는 것을 봤다.

I watched him played / him play games.

2 나는 그들이 의자에 앉아 있는 것을 봤다.

I saw them sitting / them sat on the chairs.

나는 그들이 웃고 있는 것을 봤다.

I saw them smiling / them to smile .

3 나는 그가 시끄럽게 소리 지르고 있는 것을 들었다.

I heard him shouted / him shouting loudly.

나는 그가 노래하고 있는 것을 들었다.

I heard him singing / him sang .

4 나는 그녀가 그 제안을 받아 들이게 했다.

I made her acceping / her accept the offer.

나는 그녀가 들어오게 했다.

I made her come / her came in.

5 나는 그가 여기에 머물게 했다.

I had him stay / him staying here.

나는 그가 그 방을 청소하게 했다.

I had him cleaning / him clean the room.

Sentence 비교하며 써보기

✎ 다음 단어들을 활용하여 우리말에 맞게 문장을 완성하시오.

1 hear

I heard you cry last night. 나는 네가 어젯밤 우는 것을 들었다.

I _____ 나는 네가 어젯밤 소리 지르는 것을 들었다.

2 see

She _____ 그녀는 그들이 손을 드는 것을 보았다.

She _____ 그녀는 그들이 미소 짓는 것을 보았다.

3 listen to

We _____ 우리는 그녀가 노래하고 있는 것을 들었다.

We _____ 우리는 그녀가 노래하는 것을 들었다.

4 watch

He _____ 그는 Jessy가 그 도서관에 들어가는 것을 보았다.

He _____ 그는 Jessy가 그 도서관에 들어가고 있는 것을 보았다.

5 have

I _____ 나는 그가 내 컴퓨터를 수리하게 했다.

I _____ 나는 그가 그 콘서트에 참석하게 했다.

6 let

He _____ 그는 내가 내 펜들을 가져오게 했다.

He _____ 그는 내가 저녁 먹으러 나가게 했다.

7 make

I _____ 나는 그녀가 그 장소를 방문하게 했다.

I _____ 나는 그녀가 그 방을 청소하게 했다.

수행평가 SENTENCE WRITING

■ 다음을 읽고 우리말에 맞게 문장을 쓰시오.

I was so sick yesterday.
I wanted to go outside,
but ① 우리 엄마는 내가 집에 머물
게 했다. ② 그녀는 내가 그 약을 먹게
했다. ③ 그녀는 내가 일찍 자게 했다.
Then, I feel better now.

① _my mom made me stay at home._ (make, stay)

② _____ (have, take)

③ _____ (make, go)

Grammar Point 기초 지각동사와 사역동사

■ 주어진 단어들을 활용하여 우리말에 맞도록 빈칸에 알맞게 쓰시오.

see, leave	I	saw	him	leave.	나는 그가 떠나는 것을 봤다.
	I		him		나는 그가 떠나고 있는 것을 봤다.
make, clean, cry	I had him			there.	나는 그가 그곳을 청소하게 했다.
	I		her		나는 그녀가 울게 했다.

➜ 지각동사와 사역동사가 있는 5형식은 목적격보어 자리에 동사원형이나 -ing형태를 쓸 수 있다.

Grammar for Writing 문장 쓰기

■ 주어진 단어들을 활용하여 우리말에 맞도록 빈칸에 알맞게 쓰시오.

1 그는 내가 크게 말하는 것을 들었다.   hear   ➜ He   heard me speak loudly.

2 나는 매일 그녀가 노래하는 것을 듣는다.   listen to   ➜ I

3 그녀는 쿠키들이 타고 있는 것을 냄새 맡았다. (동작 진행)   smell   ➜ She

4 나는 그가 수영하고 있는 것을 봤다. (동작 진행)   see   ➜ I

5 나는 누군가 소리 지르고 있는 것을 들었다. (동작 진행)   hear   ➜ I

6 우리는 도둑 한 명이 도망치고 있는 것을 보았다. (동작 진행)   see   ➜ We

7 너는 내가 그 벽을 칠하게 했다.   make   ➜ You

8 그는 내가 내 컵들을 가져오게 했다.   let   ➜ He

9 나는 그가 내 차를 수리하게 했다.   have   ➜ I

10 우리 엄마는 그가 그 행사에 참석하게 했다.   have   ➜ My mom

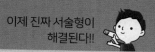

Grammar for 서술형 기본·심화 문제 풀기

A 기본 우리말에 맞게 다음 문장에서 틀린 부분을 찾고 문장을 다시 쓰시오.

1 I watched him ~~to~~ cook in the kitchen.

→ I watched him cook in the kitchen.

나는 그가 부엌에서 요리하는 것을 봤다.

2 My parents let me went out for dinner.

→

우리 부모님은 내가 저녁 먹으러 나가게 했다.

3 He felt something to moving.

→

그는 무언가가 움직이고 있는 것을 느꼈다. (동작 진행)

4 We made them bought enough food.

→

우리는 그들이 충분한 음식을 사게 했다.

5 She had us to move the chairs.

→

그녀는 우리가 그 의자들을 옮기게 했다.

6 I saw him to sleeping.

→

나는 그가 잠자고 있는 것을 봤다. (동작 진행)

B 심화 우리말에 맞게 다음 대화에서 틀린 부분을 모두 찾아 고치시오.

Linda: I heard you to cry last night.   나는 어젯밤 네가 울고 있는 것을 들었어. (동작 진행)

Kiho: Did you hear that? I felt sad.   들었니? 나는 슬펐어.

Linda: Why?   왜?

Kiho: My mom made me to stay at home.   우리 엄마는 내가 집에 머물게 했어.
And she had me do my homework.   그리고 그녀는 내가 내 숙제를 하게 했어.

1

2

교과서 **문법 마무리** · 개념 정리 ➕ 문장 정리 ➕ 문제 유형

1. 그는 피곤해 보인다.

→ He looks ＿＿＿＿＿＿＿.

2. 그녀는 그 문을 움직였다.

→ She moved ＿＿＿＿＿＿＿.

3. 그녀는 그 문 쪽으로 움직였다.

→ She moved ＿＿＿＿＿＿＿.

4. 나는 그녀에게 배낭들을 건네
주었다. (4형식)

→ I passed ＿＿＿＿＿＿＿.

5. 그녀는 너에게 무엇인가를 말해
주었다. (3형식)

→ She told ＿＿＿＿＿＿＿.

1. 1, 2, 3형식 문장

보어 자리에 **형용사**를 쓰는 2형식 동사는 **감각동사**(feel, sound, taste), **become동사**(grow, turn, get), **유지동사**(be, keep, stay), **판단동사**(seem, appear) 등이 있다.
1형식은 [주어 + 동사]로 완전한 문장이 되지만, **3형식**은 동사 뒤에 **목적어**를 갖는다.

	주어	동사	보어	
2형식	It	looks	cold.	
	주어	동사	목적어	전치사 + 명사
1형식	Thomas	left	x	for the building.
3형식			the building.	

2. 4형식 수여동사와 3형식으로의 전환

4형식 문장의 수여동사는 **2개의 목적어**를 가지며, 주요 수여동사는 **teach, ask, tell, hand, send, show, pass, make, buy, get** 등이다.

* 4형식 문장은 전치사를 사용해 3형식 문장으로 전환될 수 있다.

　　　　　　　　　　[간접목적어] [직접목적어]　　　* 전치사 to를 사용하는 동사: give, lend, show,
[4형식] You gave　　me　　　a pot.　　　　　　　　　　　 tell, send, pass,
　　　　　　　　　　　　　　　　　　　　　　　　　　　　　　　　teach, hand
[3형식] You gave　a pot　**to**　me.　　　* 전치사 for를 사용하는 동사: buy, make, get, find
　　　　　 너는 나에게 냄비를 주었다.　　　　* ask는 전치사 of를 사용할 수 있다.

문제로 정리

① I gave ［ you a bill / a bill you ］.　　　　　나는 너에게 계산서를 주었다.

② I teach science ［ to them / for them ］.　　나는 그들에게 과학을 가르쳐 준다.

6. 나는 네가 어젯밤 우는 것을
들었다.

→ I heard ＿＿＿＿＿＿＿
last night.

7. 나는 네가 어젯밤 울고 있는
것을 들었다. (동작 진행)

→ I heard ＿＿＿＿＿＿＿
last night.

8. 그는 내가 펜들을 가져오게
했다.

→ He let ＿＿＿＿＿＿＿.

3. 5형식 지각동사와 사역동사

대표적인 5형식의 지각동사로는 **see, watch, observe, hear, listen to, feel**, 사역동사는 **have, make, let**이 있으며, 목적어 뒤 **목적격 보어** 자리에 **동사원형**을 쓸 수 있다.

	주어	동사	목적어	목적격 보어	
지각동사	I	saw	you	leave.	떠나는 것을 봤다
사역동사		had			떠나게 했다

* 지각동사 문장에서 목적어의 동작이 진행 중임을 강조 시 목적격 보어 자리에 -ing형태를 사용 (I saw you leaving.)

문제로 정리

③ I watched ［ him to cook / him cook ］.　　④ I had ［ him come / him came ］ here.
　　나는 그가 요리하는 것을 봤다.　　　　　　　나는 그가 여기에 오게 했다.

문제로 정리 ① you a bill　② to them　③ him cook　④ him come

문장 정리 1. He looks tired.　2. She moved the door.　3. She moved toward the door.　4. I passed her backpacks.　5. She told something to you.　6. I heard you cry last night.　7. I heard you crying last night.　8. He let me bring pens.

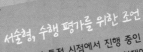

서술형 수행평가 완벽 대비

PART 2

시제

구성과 교과서 연계

✅ 중학 문법이 쓰기다 연계

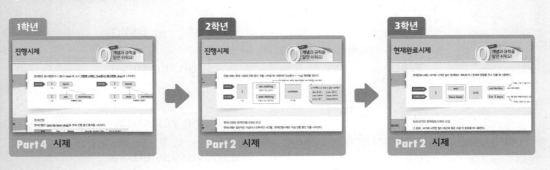

Unit 01 진행시제

나는 지금 학교에 가고 있는 중이다.

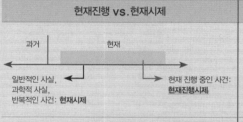

I am going to school now.

Check ① 현재 진행 중인 것은 현재진행시제 [am/is/are + -ing]로 나타낸다.
Check ② 과거에 진행 중이었던 것은 과거진행시제 [was/were + -ing]로 쓴다.

➡ 습관·반복·정기적인 사건은 현재 시제로 쓴다. I make cookies every weekend.

| I | am making | cookies. |

나는 쿠키를 만들고 있는 **중이다.**

| I | was making | cookies. |
②

나는 쿠키를 만들고 있는 **중이었다.**

➡ 과거에 이미 끝난 일은 과거 시제로 쓴다. I made cookies yesterday.

현재진행시제와 과거진행시제

➡ 현재진행 시제와 과거진행 시제는 [be동사 + -ing]에서 be동사의 시제로 **구별**한다.

현재진행 vs.현재시제	과거진행 vs.과거시제
과거 / 현재 / 일반적인 사실, 과학적 사실, 반복적인 사건: **현재시제** / 현재 진행 중인 사건: **현재진행시제**	과거 / 현재 / 과거 한 시점에 완료된 사건: **과거시제** / 과거 진행 중이었던 사건: **과거진행시제**
always, every, often, usually, sometimes는 반복적인 사건을 나타내므로 현재 시제와 함께 사용한다.	ago, last, yesterday, then, in + 과거시점은 과거를 나타내므로, 과거진행시제, 과거 시제와 함께 사용할 수 있다.

✅ Grammar 비교하며 익히기 ▪ 다음 단어들을 활용하여 우리말에 맞게 쓰시오.

1 help

He always ____helps____ Lisa. 항상 도와준다

He ____ Lisa now. 지금 도와주고 있는 중이다

2 play

We ____ chess now. 지금 하고 있는 중이다

We ____ chess every Sunday. 매주 일요일에 한다

3 boil

Water ____ at 100°C. 끓는다

Water ____ on the stove. 끓고 있는 중이다

4 watch

He ____ a movie yesterday. 어제 보고 있는 중이었다

He ____ a movie yesterday. 어제 봤다

5 travel

They ____ for a month. 한 달 동안 여행했다

They ____ for a month. 한 달 동안 여행하고 있는 중이었다

Sentence 비교하며 써보기

✏ 다음 주어진 단어들을 활용하여 우리말에 맞게 문장을 완성하시오.

1 **wash**

I | often wash my dad's car. | 나는 종종(often) 아빠의 차를 세차한다.

I | | 나는 아빠의 차를 세차하고 있는 중이다.

2 **flow**

Water | | 물은 바다로 흘러간다.

The water | | 그 물은 그 바다로 흘러가고 있는 중이다.

3 **watch**

I | | 나는 보통(usually) TV로 영화를 본다.

I | | 나는 TV로 영화를 보고 있는 중이다.

4 **chat**

They | | 그들은 종종(often) 그 여행에 대해 이야기 한다.

They | | 그들은 지금 그 여행에 대해 이야기 하고 있는 중이다.

5 **run**

We | | 우리는 풀밭 위에서 달렸다.

We | | 우리는 풀밭 위에서 달리고 있는 중이었다.

6 **go**

She | | 그녀는 어제 그 박물관에 가고 있는 중이었다.

She | | 그녀는 어제 그 박물관에 갔었다.

7 **listen to**

He | | 그는 지난밤 시끄러운 음악을 들었다.

He | | 그는 지난밤 시끄러운 음악을 듣고 있는 중이었다.

수행평가 SENTENCE WRITING

■ 다음 표를 보고 진행시제 문장을 완성하시오.

	yesterday	now
I	① make lunch	② draw a picture
they	③ come to my house	④ talk about my picture

① I _was making lunch_ yesterday.

② I _____ now.

③ They _____ yesterday.

④ They _____ now.

Grammar Point 기초 현재진행시제와 과거진행시제

■ 주어진 단어들을 활용하여 우리말에 맞도록 빈칸에 알맞게 쓰시오.

go to school	I _____go to school_____ every morning.	나는 매일 아침 학교에 간다.
	I _____ now.	나는 지금 학교에 가고 있는 중이다.
row	I _____ the boat.	나는 그 보트를 저었다.
	I _____ the boat.	나는 그 보트를 젓고 있는 중이었다.

→ 진행 중인 상황을 나타내는 진행시제에는 현재진행시제와 과거진행시제가 있다.

Grammar for Writing 문장 쓰기

■ 주어진 단어들을 활용하여 우리말에 맞도록 빈칸에 알맞게 쓰시오.

1 나는 내 과제를 하고 있는 중이다.　**do**　→　_____I am doing_____ my homework.

2 그녀는 지금 그 보트를 젓고 있는 중이다.　**row**　→　_____ the boat now.

3 그는 지금 Jane을 도와주고 있는 중이다.　**help**　→　_____ Jane now.

4 그들은 그들의 친구들과 놀고 있는 중이다.　**play**　→　_____ with their friends.

5 나는 아빠의 차를 세차하고 있는 중이다.　**wash**　→　_____ my dad's car.

6 그녀는 그때 그 박물관에 가고 있는 중이었다.　**go**　→　_____ to the museum then.

7 그들은 한 달 동안 여행하고 있는 중이었다.　**travel**　→　_____ for a month.

8 우리는 그때 풀밭 위에서 뛰고 있는 중이었다.　**run**　→　_____ on the grass then.

9 우리는 그 가수에 대해 이야기하고 있는 중이었다.　**talk**　→　_____ about the singer.

10 그녀는 그때 인도에서 여행하고 있는 중이었다.　**travel**　→　_____ in India then.

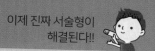
Grammar for 서술형 기본·심화 문제 풀기

A 기본 주어진 단어들을 활용하여 문장을 완성하시오.

보기

watch

look for

play

make

listen to

1 They | are playing chess now. |

그들은 지금 체스(**chess**)를 하고 있는 중이다.

2 I _____

나는 내 남동생을(**my brother**) 찾고 있는 중이다.

3 He _____

그는 쿠키를(**some cookies**) 만들고 있는 중이었다.

4. I _____

나는 시끄러운 음악을(**loud music**) 듣고 있는 중이었다.

5 He _____

그는 어제 영화를(**a movie**) 보고 있는 중이었다.

B 심화 주어진 단어들을 활용하여 문장을 쓰시오.

1 물은 100℃에서 끓는다.

물은 그 스토브 위에서 끓고 있는 중이다.

(boil) → | Water boils at 100℃. |

_____

2 나는 책을 읽었다.

나는 책을 읽고 있는 중이었다.

(read) → _____

_____

3 물은 바다로 흘러간다.

그 물은 그 바다로 흘러가고 있는 중이다.

(flow) → _____

_____

4 나는 사각형을 그렸다.

나는 사각형을 그리고 있는 중이었다.

(draw) → _____

_____

현재완료시제

그들은 2년 동안 여기에서 살고 있다.

They ¦ have lived ¦ here ¦ for 2 years.

Check ❶ 과거에 시작된 일이 현재에도 영향을 줄 때 [have(has) + 과거분사] 형태의 현재완료를 쓴다.
Check ❷ 현재완료의 용법에 따라 함께 쓰는 표현이 다르며, 계속되는 동작은 [for + 기간]으로 나타낸다.

→ 과거 시점에 이미 종료, 현재에 대한 정보는 주지 않는다.

| I | **stayed** | here | **yesterday.** |

나는 어제 여기에 **머물렀어.** (지금도 여기에 머물고 있는지 아닌지 모름.)

| I | **have stayed** | here | **since yesterday.** |

나는 어제부터 여기에 **머물고 있어.**

→ 과거의 일이 현재까지 지속, 현재에 대한 정보를 준다.

함께 쓰는 표현

→ 현재완료는 last year 와 같은 과거 시점을 나타내는 표현과 함께 사용할 수 없다.

현재완료의 용법	예문	함께 쓰는 표현들
지금 막 완료	I **have** just **finished** my project. 방금 막 끝냈다 → 아주 가까운 과거에 완료되어 현재 완료된 상태임을 설명	just, already, yet
경험의 유무	I **have been** to Japan once. 가본 적이 있다 → 일본에 한 번 가보고 이미 돌아온 것은 현재 나의 경험임을 설명	once, ever, never
행동의 결과	He **has lost** his key. 잃어 버렸다 → 열쇠를 지금도 잃어버린 상태로, 어떤 행동의 결과를 설명	동사 lose, leave, go
계속되는 동작	She **has worked** here for 4 years. 일하고 있다 → 4년 전부터 지금까지 일하고 있는 상태로, 지속되고 있는 동작을 설명	for+기간, since+시점

* I/you/we/they have는 -'ve를 붙여 주어've로 축약하고, he/she/it은 -'s를 붙여 주어's로 축약한다.

😊 Grammar 비교하며 익히기 ▪ 우리말에 맞게 고르시오.

1 나는 그를 한 번 만난 적이 있다.

I have met / met him once.

나는 그를 이틀 전에 만났다.

I have met / met him two days ago.

2 나는 작년에 그 회사에서 일했다.

I have worked / worked at the company last year.

나는 그 회사에서 3년 동안 일하고 있다.

I have worked / worked at the company for 3 years.

3 나는 부산에서 작년부터 살고 있다.

I have lived / lived in Busan since last year.

나는 부산에서 작년에 살았다.

I have lived / lived in Busan last year.

4 나는 중국어를 지난여름에 배웠다.

I have learned / learned Chinese last summer.

나는 중국어를 지난여름부터 배우고 있다.

I have learned / learned Chinese since last summer.

5 나는 그것을 한 시간 전에 끝냈다.

I have just finished / finished it an hour ago.

나는 방금 막 그것을 끝냈다.

I have just finished / finished it.

Sentence 비교하며 써보기

✏ 다음 주어진 단어들을 활용하여 우리말에 맞게 문장을 완성하시오.

1 **teach**

She _taught English last year._ 그녀는 작년에 영어를 가르쳤다.

She _____ 그녀는 4년 동안 영어를 가르치고 있다.

2 **live**

We _____ 우리는 3년 동안 서울에서 살고 있다.

We _____ 우리는 작년에 서울에서 살았다.

3 **be**

I _____ 나는 어제 아팠다.

I _____ 나는 어제부터 아팠다.

4 **complete**

He _____ 그는 그 프로젝트를 방금 막 끝냈다.

He _____ 그는 이틀 전에 그 프로젝트를 끝냈다.

5 **build**

She _____ 그녀는 나무집을 전에 지어본 적이 있다.

She _____ 그녀는 작년에 나무집을 지었다.

6 **finish**

I _____ 나는 어제 내 숙제를 마쳤다.

I _____ 나는 방금 막 내 숙제를 마쳤다.

7 **wash**

I _____ 나는 방금 막 네 차를 세차했다.

I _____ 나는 지난 주말에 네 차를 세차했다.

 수행평가 SENTENCE WRITING

■ 다음 표를 보고 문장을 완성하시오.

현재완료시제 vs. 과거시제	
①	live in Canada
②	stay here

① They _lived in Canada_ last year.

They _____ since last year.

② He _____ last week.

He _____ since last week.

Grammar Point 기초 현재완료 시제와 과거 시제

■ 주어진 단어들을 활용하여 우리말에 맞도록 빈칸에 알맞게 쓰시오.

stay	I	stayed	here yesterday.	나는 어제 여기 머물렀다.
	I		here since yesterday.	나는 어제부터 여기 머물고 있다.
read	She		the story last month.	그녀는 지난달에 그 이야기를 읽었다.
	She		the story before.	그녀는 그 이야기를 전에 읽어본 적이 있다.

➜ 현재완료는 과거에 일어난 사건이 현재까지 영향을 미칠 때 사용한다.

Grammar for Writing 문장 쓰기

■ 주어진 단어들을 활용하여 우리말에 맞도록 현재완료 문장을 완성하시오.

1 나는 그를 전에 만난 적이 있다.   **meet** → I have met   him before.

2 나는 3년 동안 여기에서 일하고 있다.   **work** →   here for 3 years.

3 그는 방금 막 그의 숙제를 마쳤다.   **finish** →   his homework.

4 나는 지난주부터 중국어를 가르치고 있다.   **teach** →   Chinese since last week.

5 우리는 서로 5년 동안 알고 지냈다.   **know** →   each other for 5 years.

6 그들은 여기에서 작년부터 살고 있다.   **live** →   here since last year.

7 나는 공항에 방금 막 도착했다.   **arrive** →   at the airport.

8 Bill은 한 시간 만에 책 한 권을 읽었다.   **read** →   a book in an hour.

9 그들은 네 휴대전화를 전에 본 적이 있다.   **see** →   your cellphone before.

10 나는 그 공원을 전에 방문해 본 적이 있다.   **visit** →   the park before.

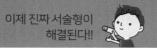
Grammar for 서술형 기본·심화 문제 풀기

A 기본   주어진 단어들을 활용하여 문장을 완성하시오.

보기

meet

arrive

work

teach

1 I [have] just [arrived at the hotel.]

나는 그 호텔에(at the hotel) 방금 막 도착했다.

2 She [   ]

그녀는 4년 동안 우리에게 영어를(English to us) 가르치고 있다.

3 I [   ]

나는 그를 이틀 전에 만났다.

4 I [   ]

나는 작년에 그 회사에서(at the company) 일했다.

B 심화   주어진 단어들을 활용하여 문장을 쓰시오.

1 나는 작년에 부산에서 살았다.

나는 작년부터 부산에서 살고 있다.

(live) → [I lived in Busan last year.]

[   ]

2 나는 내 숙제를 한 시간 전에 끝냈다.

나는 내 숙제를 방금 막 끝냈다.

(finish) → [   ]

[   ]

3 나는 지난주에 체스를 했다.

나는 체스를 한 번 해 본 적이 있다.

(play) → [   ]

[   ]

4 나는 지난주에 여기에서 머물렀다.

나는 2주 동안 여기에서 머물고 있다.

(stay) → [   ]

[   ]

5 그녀는 지난 일요일에 아팠다.

그녀는 지난 일요일부터 아팠다.

(be sick) → [   ]

[   ]

현재완료 부정문과 의문문

그들은 그것을 전에 본 적이 없다.

They ⟨ **have not seen** ⟩ it before.

Check ❶ 부정의 의미를 나타낼 때는 [**have(has) + not + 과거분사**]로 나타낸다.
Check ❷ 과거 일이 현재에도 영향을 주는 것을 질문할 때 **have(has)와 주어의 순서를 바꿔** 쓴다.

(> 긍정문) They have read the story. 그들은 그 이야기를 읽어 본 적이 있다.

| They | have not read | the story yet. | 그들은 그 이야기를 아직 읽어본 적이 없다. |

| Have | they ❷ | read | the story before? | 그들은 그 이야기를 전에 읽어본 적이 있니? |

현재완료 부정문과 의문문
→ 부정문 have(has) not은 haven't (hasn't)로 축약할 수 있다.

의문문의 대답은 [Yes, 주어 + have (has).] 또는 [No, 주어 + haven't (hasn't).]로 할 수 있다.

부정문	have(has) + not + 과거분사	Jane has not[hasn't] lost her key. Jane은 그녀의 열쇠를 잃어버리지 않았다.
의문문	Have(Has) + 주어 + 과거분사	Has Jane lost her key? Jane은 그녀의 열쇠를 잃어버렸니? 　Yes, she has.　응, 맞아. 　No, she hasn't.　아니, 그렇지 않아.

✅ Grammar 비교하며 익히기 ▪ 다음 주어진 단어들을 활용하여 우리말에 맞게 현재완료 문장을 완성하시오.

1 play

I ⟨ have played ⟩ chess before. 　전에 해본 적이 있다

I ⟨ ⟩ chess before. 　전에 해본 적이 없다

2 arrive

She ⟨ ⟩ just ⟨ ⟩ at the hotel. 　방금 막 도착했다

She ⟨ ⟩ at the hotel yet. 　아직 도착하지 않았다

3 lose

I ⟨ ⟩ my wallet. 　잃어버렸다

⟨ ⟩ you ⟨ ⟩ your wallet? 　잃어버렸니

4 hear

He ⟨ ⟩ from Jane recently. 　최근에 들은 적이 있다

⟨ ⟩ he ⟨ ⟩ from Jane recently? 　최근에 들은 적이 있니

5 use

They ⟨ ⟩ wooden chopsticks before. 　전에 사용해본 적이 있다

⟨ ⟩ they ⟨ ⟩ wooden chopsticks before? 　전에 사용해본 적이 있니

Sentence 비교하며 써보기

✎ 다음 주어진 단어들을 활용하여 우리말에 맞게 현재완료 문장을 완성하시오.

1 be

| He has been | to Japan. | 그는 일본에 가본 적이 있다. |
| | to Japan yet. | 그는 아직 일본에 가본 적이 없다. |

2 see

| | his car before. | 나는 전에 그의 차를 본 적이 있다. |
| | his car before. | 나는 전에 그의 차를 본 적이 없다. |

3 meet

| | him before. | 그녀는 전에 그를 만나본 적이 있다. |
| | him before. | 그녀는 전에 그를 만나본 적이 없다. |

4 read

| | the book before. | 우리는 그 책을 전에 읽어본 적이 있다. |
| | the book yet. | 우리는 그 책을 아직 읽어본 적이 없다. |

5 work

| | for many years. | 그들은 수년간 여기에서 일해왔다. |
| | for many years? | 그들은 수년간 여기에서 일해왔니? |

6 visit

| | Han River Park. | 나는 한강공원을 방문해본 적이 있다. |
| | Han River Park? | 너는 한강공원을 방문해본 적이 있니? |

7 read

| | the news lately. | 그녀는 최근에 뉴스를 읽은 적이 있다. |
| | the news lately? | 그녀는 최근에 뉴스를 읽은 적이 있니? |

수행평가 SENTENCE WRITING

■ 다음을 읽고 우리말에 맞게 현재완료 문장을 쓰시오.

A: I heard Miya came to Korea last week.
① 너는 한국에서 Miya를 본 적이 있니(see)?

B: No, I haven't. ② 내 친구들도 그녀를 본 적이 없어.

①   Have you seen Miya in Korea?

② _____ ,
either.

A: ③ 그녀는 K 호텔(the K hotel)에서 머물고 있니?

B: No, she hasn't.
④ 그녀는 (줄곧) 힐튼 호텔(the Hilton Hotel)에서 머물고 있어.

③ _____

④ _____

Grammar Point 기초 현재완료 시제의 부정문과 의문문

▪ 주어진 단어를 활용하여 우리말에 맞도록 빈칸에 알맞게 쓰시오.

meet	I	met him	yesterday.	나는 어제 그를 만났다.
	I		yet.	나는 아직 그를 만나본 적이 없다.
			before?	너는 전에 그를 만나본 적이 있니?

→ 현재완료는 과거에 일어난 사건이 현재까지 영향을 미칠 때 사용하며, 부정문과 의문문 문장의 종류에 따라 형태가 달라진다.

Grammar for Writing 문장 쓰기

▪ 주어진 단어들을 활용하여 우리말에 맞는 현재완료 문장을 완성하시오.

1 나는 아직 호텔에 도착하지 않았다.   **arrive**   →   I have not arrived   at the hotel yet.

2 나는 유럽에 가 본 적이 없다.   **be**   →   to Europe.

3 그녀는 그녀의 지갑을 잃어버리지 않았다.   **lose**   →   her wallet.

4 나는 최근에 Jane에게 (소식을) 들은 적이 없다.   **hear**   →   from Jane recently.

5 우리는 아직 점심을 먹지 않았다.   **have**   →   lunch yet.

6 너는 그 이야기를 전에 읽어 본 적이 있니?   **read**   →   the story before?

7 그들은 (줄곧) 이곳에 머물고 있니?   **stay**   →   here?

8 최근에 Jane에게 (소식을) 들은 적이 있니?   **hear**   →   from Jane recently?

9 그는 그 목록을 확인해 본 적이 있니?   **check**   →   the list?

10 그들은 전에 중국에 가 본 적이 있니?   **be**   →   to China before?

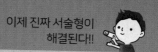

Grammar for 서술형 [기본·심화] 문제 풀기

A 기본 주어진 단어들을 활용하여 현재완료 문장을 완성하시오.

보기
visit
see
talk
be
change

1 I have not changed my decision so far.
나는 내 결정을(my decision) 아직까지 바꿔본 적이 없다.

2 They _____
그들은 아시아에(to Asia) 가 본 적이 없다.

3 We _____ lately.
우리는 최근에 많이(much) 대화하지 않았다.

4 _____ she _____
그녀는 한강공원을(Han River Park) 방문해 본 적이 있니?

5 _____ you _____
너는 내 휴대전화를(my cellphone) 본 적이 있니?

B 심화 주어진 단어들을 활용하여 현재완료 문장을 쓰시오.

1 그는 그 프로젝트를 이미 끝냈다.
그는 그 프로젝트를 아직 끝내지 않았다.
(complete) → He has already completed the project.

2 그들은 그의 차를 한 번 본 적이 있다.
그들은 그의 차를 아직 본 적이 없다.
(see) →

3 나는 전에 축구를 해 본 적이 있다.
너는 전에 축구를 해 본 적이 있니?
(play) →

4 나는 전에 나무 젓가락을 사용해 본 적이 있다.
너는 전에 나무 젓가락을 사용해 본 적이 있니?
(use) →

5 나는 이미 점심을 먹었다.
너는 오늘 점심을 먹었니?
(have) →

교과서 **문법 마무리** 개념 정리 ➕ 문장 정리 ➕ 문제 유형

1. 진행시제

현재진행시제는 **[am/is/are + -ing]** 형태로 현재 진행 중인 것을 나타낸다.
과거진행시제는 **[was/were + -ing]**로 과거에 진행 중이었던 것을 나타낸다.

현재진행		**am going**		now.	지금 가는 중이다
현재	I	go	to school	every morning.	매일 아침 간다
과거진행		**was going**		yesterday.	어제 가고 있는 중이었다
과거		went			어제 갔다

＊ always, every, often, usually, sometimes는 반복적인 사건을 나타내므로 현재시제와 함께 사용한다.
  ago, last, yesterday, then, in + 과거시점은 과거를 나타내므로, 과거진행시제, 과거시제와 함께 사용할 수 있다.

문제로 정리

① We are playing / play chess now.   우리는 지금 체스를 하고 있는 중이다.

② He watched / was watching a movie.   그는 영화를 보고 있는 중이었다.

2. 현재완료시제

과거에 시작된 일이 현재에도 영향을 줄 때 **[have(has)+과거분사]** 형태의 **현재완료**를 쓴다.
현재완료의 용법에 따라 함께 쓰는 표현이 다르다.

용법	예문		함께 쓰는 표현들
완료	I **have** just **finished** my project. → 아주 가까운 과거에 완료되어 현재 완료된 상태임을 설명	방금 막 끝냈다	just, already, yet
경험	I **have been** to Japan once. → 일본에 한 번 가보고 이미 돌아온 것은 현재 나의 경험임을 설명	가본 적이 있다	once, ever, never
결과	He **has lost** his key. → 열쇠를 지금도 잃어버린 상태로, 어떤 행동의 결과를 설명	잃어 버렸다	동사 lose, leave, go
계속	She **has worked** here for 4 years. → 4년 전부터 지금까지 일하고 있는 상태로, 지속되고 있는 동작을 설명	일하고 있다	for + 기간, since + 시점

＊ 현재완료는 last year와 같은 과거시점을 나타내는 표현과 함께 사용할 수 없다.

부정의 의미를 나타낼 때는 **[have(has) + not + 과거분사]**로, 과거 일이 현재에도 영향을 주는 것을
질문할 때는 **have(has)**와 **주어의 순서를 바꿔** 나타낸다.

문제로 정리

③ I have met / met him before.   나는 그를 전에 만난 적이 있다.

④ Did you meet / Have you met him before?   너는 그를 전에 만나 본 적이 있니?

 ① are playing ② was watching ③ have met ④ Have you met

문장 정리 1. I often wash my dad's car. 2. I am washing my dad's car. 3. We were running on the
grass. 4. I have lived in Busan since last year. 5. I lived in Busan last year. 6. I have
not lived in Busan since last year. 7. Have you lived in Busan since last year?

서술형, 수행 평가를 위한 조언

조동사는 동사 앞에 동사의 의미를 보충
하기 위해 쓰며, 조동사의 종류에 따라
문장의 의미가 달라질 수 있는 점을 유의
한다. 의미에 따라 다양한 조동사를 이
해하고 문장에 활용하는 연습을 한다.

서술형 수행평가 완벽 대비

PART 3
조동사

구성과 교과서 연계

Unit 1	조동사 can과 may	두산(이) 4과, 비상(이) 1과
Unit 2	조동사 must와 have to	천재(김) 5과, 두산(김) 3과
Unit 3	기타 조동사	두산(김) 2과, 미래엔(배) 1과

문법 마무리

✅ 중학 문법이 쓰기다 연계

1학년

조동사 can, may

Part 6 조동사

➡

2학년

조동사의 쓰임 1

Part 3 조동사

➡

3학년

조동사의 쓰임 I

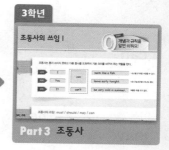

Part 3 조동사

너는 내 노트북을 사용해도 된다.

You [can ①] use my laptop.

Check ❶ 조동사 **can**은 동사에 **능력/가능**이나 **허락**의 의미를 더해준다.
Check ❷ 조동사 **may**는 **추측**이나 **허락**을 나타낸다.

조동사 뒤에는 동사원형이 온다.

| You | may | be hungry. | 너는 배고플지도 모른다. |

| You | may ② | leave now. | 너는 지금 떠나도 된다. |

can, may 부정문
→ **can't**는 불가능과 금지를, **may not**은 부정적 추측과 금지를 나타낸다.

	긍정				부정		
can	~할 수 있다	능력, 가능	I can drive a car. 차를 운전할 수 있다	**can't**	~하지 못한다	불가능	I can't drive a car. 차를 운전하지 못한다
	~해도 된다	허락	You can use it. 그것을 사용해도 된다		~하면 안 된다	금지 (허락의 부정)	You can't use it. 그것을 사용하면 안 된다
may	~할지도 모른다	추측	You may need this. 이것이 필요할지도 모른다	**may not**	~하지 않을 지도 모른다	부정적 추측	You may not need this. 이것이 필요하지 않을지도 모른다
	~해도 된다	허락	You may use it. 그것을 사용해도 된다		~하면 안 된다	금지 (허락의 부정)	You may not use it. 그것을 사용하면 안 된다

* **can**은 '~해 주시겠어요?'의 요청의 의미도 가진다. **could**는 can의 과거형으로, 더 공손한 의미를 나타낸다.
   Could you close the door? 그 문 좀 닫아 주시겠어요?

✅ Grammar 비교하며 익히기 ▪ 다음 단어들을 활용하여 우리말에 맞게 쓰시오.

1 can
I [can read] Chinese characters. — 한자를 읽을 수 있다
I _____ Chinese characters. — 한자를 읽지 못한다

2 can
He _____ a car. — 차를 운전할 수 있다
He _____ a car. — 차를 운전하지 못한다

3 can
You _____ my textbook. — 빌려가도 된다
You _____ my textbook. — 빌려가면 안 된다

4 may
She _____ my dad. — 전화하지 않을지도 모른다
She _____ my dad. — 전화할지도 모른다

5 may
You _____ that. — 그것을 하면 안 된다
You _____ that. — 그것을 해도 된다

Sentence 비교하며 써보기

✎ 주어진 단어들을 활용하여 우리말에 맞게 문장을 완성하시오.

1 너는 수영을 할 수 있다. (can)

You **can swim.**

너는 수영하지 못한다. (can't)

You

2 너는 그 오래된 장난감들을 기부해도 된다. (can, donate)

You

너는 그 오래된 장난감들을 기부하면 안 된다. (can't, donate)

You

3 그것은 흥미롭게 보일지도 모른다. (may, interesting)

It

그것은 흥미롭게 보이지 않을지도 모른다. (may not, interesting)

It

4 너는 내 사전을 사용해도 된다. (may)

You

너는 내 사전을 사용하면 안 된다. (may not)

You

5 나는 내일 너의 학교에 들를 수 있다. (can, drop by)

I

나는 내일 너의 학교에 들리지 못한다. (can't, drop by)

I

6 너는 이 케이크를 지금 먹어도 된다. (can)

You

너는 이 케이크를 지금 먹으면 안 된다. (can't)

You

7 그녀는 그의 동아리에 가입할지도 모른다. (may)

She

그녀는 그의 동아리에 가입하지 않을지도 모른다. (may not)

She

수행평가 SENTENCE WRITING

■ 우리말에 맞게 조동사를 고르고 문장을 쓰시오.

① (may) / may not → You may take pictures in this museum.

너는 이 박물관에서 사진을 찍어도 된다.

② can / can't →

너는 내 컴퓨터를 사용해도 된다.

③ may / may not →

너는 여기에서 시끄럽게 떠들면 안 된다.

Grammar Point 기초 조동사 can과 may

■ 주어진 단어들을 활용하여 우리말에 맞도록 빈칸에 알맞게 쓰시오.

drive	(can)	→ I	can drive a car.	나는 차를 운전할 수 있다.
	(can't)	→ I		나는 차를 운전하지 못한다.
need	(may)	→ You		너는 이것이 필요할지도 모른다.
	(may not)	→ You		너는 이것이 필요하지 않을지도 모른다.

➜ 조동사의 다양한 의미와 조동사 부정문의 활용을 이해한다.

Grammar for Writing 문장 쓰기

■ 주어진 단어들을 활용하여 우리말에 맞도록 빈칸에 알맞게 쓰시오.

1 그는 중국인일지도 모른다.   may   →   He may be   Chinese.

2 나는 한자를 읽을 수 있다.   can   →   Chinese characters.

3 너는 그를 알지도 모른다.   may   →   him.

4 너는 여기서 사진을 찍어도 된다.   can   →   pictures here.

5 너는 내 펜을 사용해도 된다.   may   →   my pen.

6 너는 그 집을 사지 못한다.   can't   →   the house.

7 너는 이 책들을 오늘 빌리지 못한다.   can't   →   these books today.

8 그녀는 스페인어를 구사하지 못한다.   can't   →   Spanish.

9 너는 그것을 하면 안 된다.   may not   →   that.

10 그는 오늘 오지 않을지도 모른다.   may not   →   today.

Grammar for 서술형 기본·심화 문제 풀기

A 기본 주어진 단어들을 활용하여 문장을 완성하시오.

보기
need
know
go
use
want
eat

1 You | can eat this cake now.
너는 이 케이크를 지금 먹어도 된다. (can)

2 She |
그녀는 거기에 혼자 가면 안 된다. (can't)

3 You |
너는 그의 전화번호가 필요할지도 모른다. (may)

4 They |
그들은 그의 이름을 알지도 모른다. (may)

5 Packer |
Packer는 너의 영화 동아리에 가입하고 싶어 할지도 모른다. (may)

6 You |
너는 내 사전을 사용하면 안 된다. (may)

B 심화 주어진 단어들을 활용하여 우리말에 맞게 문장을 쓰시오.

1 너는 그 오래된 장난감들을 기부해도 된다. (can)
→ You can donate the old toys.

너는 그 오래된 장난감들을 기부하면 안 된다. (can't)
→

2 그것은 흥미롭게 보일지도 모른다. (may)
→

그것은 흥미롭게 보이지 않을지도 모른다. (may not)
→

3 너는 이번 주에 이 책들을 빌릴 수 있다. (can)
→

너는 이번 주에 이 책들을 빌리지 못한다. (can't)
→

4 내일 비가 올지도 모른다. (may)
→

내일 비가 오지 않을지도 모른다. (may not)
→

너는 여기에서 조용히 해야 한다.

You [must] be quiet here.

Check❶ must는 **의무**나 **추측**을 나타내며, **have to**도 **의무**의 뜻을 나타내기도 한다.
Check❷ 의무의 뜻을 나타내는 **must**와 **have to**의 부정형은 **must not**으로 쓴다.

| You | [have to] | lock the door. | 너는 그 문을 잠가야 한다. |

| You | [must not] | lock the door. | 너는 그 문을 잠그면 절대 안 된다. |

don't have to
→ 의무의 have to 부정문은 must not으로 나타내며, don't have to는 '~할 필요가 없다(불필요)'로 전혀 다른 뜻을 의미한다.

	긍정			부정			
must	~인 게 분명하다	추측	He must be Chinese. 중국인인 게 분명하다	**can't**	~일 리가 없다	부정적 추측	He can't be Chinese. 중국인일 리가 없다
	~해야 한다	의무	You must leave here early. 여기를 일찍 떠나야 한다	**must not**	~하면 절대 안 된다	금지 (의무의 부정)	You must not leave here early. 여기를 일찍 떠나면 절대 안 된다
have to	~해야 한다	의무	You have to leave here early. 여기를 일찍 떠나야 한다				

＊ have to는 주어가 3인칭 단수(he/she/it)일 경우 has to로 쓴다.
＊ should도 의무의 뜻을 지닌다.

✅ Grammar 비교하며 익히기 ▪ 우리말에 맞게 고르시오.

1 그녀는 배고픈 게 분명하다.

She (must) / can't be hungry.

그녀는 배고플 리가 없다.

She must / can't be hungry.

2 우리 엄마는 화가 났을 리가 없다.

My mom must / can't be upset.

우리 엄마는 화가 난 게 분명하다.

My mom must / can't be upset.

3 그들은 그것에 관해 이야기해야 한다.

They must / must not talk about it.

그들은 그것에 관해 이야기하면 절대 안 된다.

They must / must not talk about it.

4 그녀는 여기를 지금 떠나면 절대 안 된다.

She has to / must not leave here now.

그녀는 여기를 지금 떠나야 한다.

She has to / must no leave here now.

5 너는 여기에서 많은 돈을 가지고 다니면 절대 안 된다.

You must not / don't have to carry much money here.

너는 여기에서 많은 돈을 가지고 다닐 필요가 없다.

You must not / don't have to carry much money here.

Sentence 비교하며 써보기

주어진 단어들을 활용하여 우리말에 맞게 문장을 완성하시오.

1 너는 그 문을 열어두어야 한다. (have to)

You [have to leave the door open.]

너는 그 문을 열어두면 절대 안 된다. (must not)

You [　　　　　　　　　　　　]

2 너는 그것을 지금 사용해야 한다. (must)

You [　　　　　　　　　　　　]

너는 그것을 지금 사용하면 절대 안 된다. (must not)

You [　　　　　　　　　　　　]

3 나는 지금 거기에 가면 절대 안 된다. (must not)

I [　　　　　　　　　　　　]

나는 지금 거기에 갈 필요가 없다. (don't have to)

I [　　　　　　　　　　　　]

4 그녀는 그에게 돈을 지불해야 한다. (have to)

She [　　　　　　　　　　　　]

그녀는 그에게 돈을 지불할 필요가 없다. (don't have to)

She [　　　　　　　　　　　　]

5 그는 피곤한 게 분명하다. (must)

He [　　　　　　　　　　　　]

그는 피곤할 리가 없다. (can't)

He [　　　　　　　　　　　　]

6 너는 그 제안을 거절해야 한다. (must, turn down)

You [　　　　　　　　　　　　]

너는 그 제안을 거절하면 절대 안 된다. (must not, turn down)

You [　　　　　　　　　　　　]

7 나는 그의 초대를 받아들여야 한다. (have to, accept)

I [　　　　　　　　　　　　]

나는 그의 초대를 받아들이면 절대 안 된다. (must not, accept)

I [　　　　　　　　　　　　]

수행평가 SENTENCE WRITING

■ 다음 주어진 단어들을 우리말에 맞게 바르게 배열하시오.

① you, wake up, have to, early, tomorrow → You have to wake up early tomorrow.

너는 내일 일찍 일어나야 한다.

② bring, don't, you, have to, an umbrella → _____

너는 우산을 가져올 필요가 없다.

③ late, be, you, for the meeting, not, must → _____

너는 그 회의에 지각하면 절대 안 된다.

Grammar Point 기초 조동사 must와 have to

■ 주어진 단어들을 활용하여 우리말에 맞도록 빈칸에 알맞게 쓰시오.

be	(must)	→ You	must be sleepy.	너는 졸린 게 분명하다.
	(can't)	→ You		너는 졸릴 리가 없다.
clean	(have to)	→ She		그녀는 여기를 청소해야 한다.
	(don't have to)	→ She		그녀는 여기를 청소할 필요가 없다.

→ 조동사의 다양한 의미와 조동사 부정문의 활용을 이해한다.

Grammar for Writing 문장 쓰기

■ 주어진 단어들을 활용하여 우리말에 맞도록 빈칸에 알맞게 쓰시오.

1 그녀는 피곤한 게 분명하다.   **must**   →   She must be tired.

2 그는 늦는 게 분명하다.   **must**   →

3 그는 중국어 수업을 들어야 한다.   **must**   →   a Chinese class.

4 Nadia는 여기에 그녀의 이름을 써야 한다.   **have to**   →   her name here.

5 너는 모든 질문에 답해야 한다.   **have to**   →   all the questions.

6 그는 그녀에 대해 궁금할 리가 없다.   **can't, curious**   →   about her.

7 그는 행복할 리가 없다.   **can't**   →

8 너는 네 애완동물을 여기에 데려오면 절대 안 된다.   **must not**   →   your pet here.

9 너는 일찍 떠날 필요가 없다.   **don't have to**   →   early.

10 나는 그에게 돈을 지불할 필요가 없다.   **don't have to**   →   him money.

Grammar for 서술형 기본·심화 문제 풀기

A 기본 주어진 단어들을 활용하여 문장을 완성하시오.

보기

be
cancel
enter
practice
leave
wait

1 You have to leave the door open.
너는 그 문을 열어두어야 한다. (have to)

2 She
그녀는 그 주문을 취소해야 한다. (have to)

3 He
그는 중국인일 리가 없다. (can't)

4 I
나는 그것을 매일 밤 연습해야 한다. (must)

5 You
너는 나를 기다릴 필요가 없다. (don't have to)

6 You
너는 그 주차장에 들어가면 절대 안 된다. (must not)

B 심화 주어진 단어들을 활용하여 우리말에 맞게 문장을 쓰시오.

1 그는 피곤한 게 분명하다. (must) → He must be tired.

그는 피곤할 리가 없다. (can't) →

2 그녀는 이곳을 일찍 떠나야 한다. (have to) →

그녀는 이곳을 일찍 떠나면 절대 안 된다. (must not) →

3 너는 그 유니폼을 가져올 필요가 없다. (don't have to) →

너는 그 유니폼을 가져와야 한다. (have to) →

4 나는 그 제안을 받아들여야 한다. (must) →

나는 그 제안을 받아들이면 절대 안 된다. (must not) →

너는 건강한 음식을 먹는 게 낫겠다.

You [should] eat healthy food.
❶

Check ❶ should와 had better은 **충고, 조언**의 의미를 나타낸다.
Check ❷ used to나 would는 과거에는 했지만 지금은 더이상 하지 않는 **과거 습관**을 나타낸다.

〉 주어'd better로 축약 가능

He	should / had better	sleep early.	그는 일찍 자는 게 낫겠다.

He	used to / would ❷	sleep early.	그는 일찍 자곤 했다. (지금은 일찍 자지 않는다.)

여러가지 조동사
→ 서로 다른 조동사가 같은 의미를 나타내기도 하고, 한 조동사가 여러 의미를 나타내기도 한다.

should, had better	~하는 게 낫겠다 (~해야 한다)	충고, 조언	You should/had better sleep now. 너는 지금 자는 게 낫겠다.
	* 부정형: **should not, had better not** ~하지 않는 게 낫겠다 (~하면 안 된다)		
used to, would	~하곤 했다	과거 습관 (현재는 더 이상 하지 않는 과거 습관)	She used to/would keep a diary. 그녀는 일기를 쓰곤 했다. (지금은 안 쓴다.)
	* ~이었다, ~이 있었다 → used to 과거 상태, 존재 (현재는 더 이상 그 상태, 존재가 아님)		There used to / ~~would~~ be a backyard here. 여기에 뒤뜰이 있었다. (지금은 없다.)

* 유사 형태 표현에 유의한다.   be used to -ing   ~에 익숙하다(숙어)
be used to   ~에 사용되다(수동태)

✅ Grammar 비교하며 익히기 ▪ 다음 단어들을 활용하여 우리말에 맞게 쓰시오.

1 should

We | should take | an umbrella. | 우산을 가져가는 게 낫겠다

We | | an umbrella. | 우산을 가져가지 않는 게 낫겠다

2 should

He | | it carefully. | 그것을 고려하는 게 낫겠다

He | | it carefully. | 그것을 고려하지 않는 게 낫겠다

3 had better

You | | the medicine. | 그 약을 먹는 게 낫겠다

You | | the medicine. | 그 약을 먹지 않는 게 낫겠다

4 used to

I | | every day. | 요리하곤 했다 (지금은 안 한다)

I | | by myself. | 혼자 요리하는 데 익숙하다

5 used to

She | | with her mom. | 노래 부르곤 했다 (지금은 안 한다)

She | | with her mom. | 노래 부르는 데 익숙하다

Sentence 비교하며 써보기

✏ 주어진 단어들을 활용하여 우리말에 맞게 문장을 완성하시오.

1

그녀는 그에게 그것에 대해 말하는 게 낫겠다. (should)

She | should tell him about it.

그녀는 그에게 그것에 대해 말하지 않는 게 낫겠다. (should not)

She |

2

너는 이곳을 지금 떠나는 게 낫겠다. (should)

You |

너는 이곳을 지금 떠나지 않는 게 낫겠다. (should not)

You |

3

너는 오늘 밤 여기에서 머무르는 게 낫겠다. (had better)

You |

너는 오늘 밤 여기에서 머무르지 않는 게 낫겠다. (had better not)

You |

4

너는 네 우산을 가져가는 게 낫겠다. (had better)

You |

너는 네 우산을 가져가지 않는 게 낫겠다. (had better not)

You |

5

그녀는 소풍을 가곤 했다(지금은 안 간다). (would)

She |

이 캠핑카는 소풍을 가는 데 사용된다. (be used to)

This camping car |

6

그는 일찍 일어나곤 했다(지금은 일찍 일어나지 않는다). (used to)

He |

그는 일찍 일어나는 데 익숙하다. (be used to -ing)

He |

7

나는 비디오 게임을 하곤 했다(지금은 안 한다). (used to)

I |

이 기계는 비디오 게임을 하는 데 사용됐다. (be used to)

This machine |

수행평가 SENTENCE WRITING

■ 다음 의사의 당부 사항을 읽고, 주어진 단어들을 활용하여 문장을 쓰시오.

[당부 사항]

① 당신은 충분한 물을 드셔야 합니다.
　 (should)

② 당신은 고기를 드시지 않는 게 낫겠습니다.
　 (had better not)

③ 당신은 잠을 늦게 자지 않는 게 낫겠습니다.
　 (should not, go)

① ___You should drink enough water.___

② _____

③ _____

Grammar Point 기초 기타 조동사

■ 주어진 단어들을 활용하여 우리말에 맞도록 빈칸에 알맞게 쓰시오.

take	(should) → You	should take this medicine.	너는 이 약을 먹는 게 낫겠다.
	(had better) → You		너는 이 약을 먹는 게 낫겠다.
keep	(used to) → She		그녀는 일기를 쓰곤 했다. (지금은 안 쓴다.)
	(would) → She		그녀는 일기를 쓰곤 했다. (지금은 안 쓴다.)

➡ 충고나 조언, 과거의 습관을 나타내는 조동사의 쓰임을 이해한다.

Grammar for Writing 문장 쓰기

■ 주어진 단어들을 활용하여 우리말에 맞도록 빈칸에 알맞게 쓰시오.

1 너는 그들에게 진실을 말해야 한다.   should → You should tell   them the truth.

2 우리는 이것을 할 준비가 되어 있는 게 낫겠다. should → _____ ready to do this.

3 우리는 여기에서 달리면 안 된다.   should not → _____ here.

4 너는 휴식을 취하는 게 낫겠다.   had better → _____ a break.

5 그는 병원에 가보는 게 낫겠다.   had better → _____ a doctor.

6 너는 여기에서 뛰지 않는 게 낫겠다.   had better not → _____ here.

7 우리는 방과 후에 수영을 하곤 했다.
(지금은 안 한다.)   used to → _____ after school.

8 여기에 교회가 있었다. (지금은 없다.)   used to → _____ a church here.

9 우리는 주말에는 낚시를 가곤 했다.
(지금은 안 간다.)   would → _____ on weekends.

Grammar for 서술형 기본·심화 문제 풀기

A 기본　주어진 단어들을 배열하여 문장을 완성하시오.

1 had, it, consider, better, carefully	→ He [had better consider it carefully.] 그는 그것을 주의 깊게 고려하는 게 낫겠다.
2 be proud of, should, yourself	→ You [　　　　　　　　] 너는 네 스스로에 대해 자부심을 가져야 한다.
3 a gas station, used, here, be, to	→ There [　　　　　　　　] 여기에 주유소가 있었다. (지금은 없다.)
4 would, a lot of time together, spend	→ We [　　　　　　　　] 우리는 많은 시간을 함께 보내곤 했다.

B 심화　주어진 단어들을 배열하고 우리말을 쓰시오.

1 you, go to church, used to(과거 습관), every Sunday	영문장 →	[You used to go to church every Sunday.]
	우리말 →	[너는 일요일마다 교회에 가곤 했다. (지금은 안 간다.)]
2 late at night, he, used to, staying up, is	영문장 →	[　　　　　　　　]
	우리말 →	[　　　　　　　　]
3 you, a camera, not, use, should(충고, 조언), here	영문장 →	[　　　　　　　　]
	우리말 →	[　　　　　　　　]
4 used to(과거 상태, 존재), on the hill, there, a playground, be	영문장 →	[　　　　　　　　]
	우리말 →	[　　　　　　　　]
5 would(과거 습관), on a picnic, she, go	영문장 →	[　　　　　　　　]
	우리말 →	[　　　　　　　　]

문법이 쓰기다 서술형

1. 너는 내 사전을 사용해도 된다.
   (may)

→ You _____.

2. 그는 오늘 오지 않을지도 모른다.
   (may not)

→ He _____.

3. 나는 지금 거기에 가야 한다.
   (must)

→ I _____ now.

4. 나는 지금 거기에 가면 절대
   안 된다. (must not)

→ I _____ now.

5. 나는 지금 거기에 갈 필요가 없다.
   (don't have to)

→ I _____ now.

6. 너는 우산을 가져가는 게 낫겠다.
   (should)

→ You _____.

7. 너는 그 약을 먹지 않는 게 낫겠다.
   (had better not)

→ You _____.

8. 그녀는 일기를 쓰곤 했다.
   (used to)

→ She _____.

1. 조동사 can과 may

조동사 **can**은 동사에 능력/가능이나 허락의 의미를 더해주고, 조동사 **may**는 추측이나 허락을 나타낸다.
can't는 불가능과 금지를, **may not**은 부정적 추측과 금지를 나타낸다

can	~할 수 있다	능력, 가능	⇔	can't	~하지 못한다	불가능
	~해도 된다	허락			~하면 안 된다	금지(허락의 부정)
may	~할지도 모른다	추측		may not	~하지 않을지도 모른다	부정적 추측
	~해도 된다	허락			~하면 안 된다	금지(허락의 부정)

* can은 '~해 주시겠어요?'의 요청의 의미도 가진다.

2. 조동사 must와 have to

must는 의무나 추측을 나타내며, **have to**도 의무의 뜻을 나타내기도 한다.
must와 **have to**의 부정형에 유의해야 한다.

must	~인 게 분명하다	추측	⇔	can't	~일 리가 없다	부정적 추측
	~해야 한다	의무		must not	~하면 절대 안 된다	금지(의무의 부정)
have to	~해야 한다	의무				

* 의무의 have to 부정문은 must not으로 나타내며, don't have to는 '~할 필요가 없다(불필요)'로 전혀 다른 뜻을 나타낸다.

문제로 정리

① He [can / can't] drive a car.   ② She [must / can't] be hungry.
그는 차를 운전하지 못한다.   그녀는 배고플 리가 없다.

3. 기타 조동사

should와 **had better**은 충고, 조언 의미를, **used to**나 **would**는 과거 습관을 나타낸다.

should, had better	~하는 게 낫겠다(~해야 한다)	충고, 조언
	* 부정형: should not, had better not	~하지 않는 게 낫겠다(~하면 안 된다)
used to, would	~하곤 했다	과거 습관(현재는 더 이상 하지 않는 과거 습관)
	* '~이었다, ~이 있었다' 의미로 과거 상태, 존재를 나타낼 때 → **used to** There used to be a backyard here. 여기에 뒤뜰이 있었다. (지금은 없다.)	

* 유사 형태 표현에 유의   be used to -ing   ~에 익숙하다(숙어)
                          be used to   ~에 사용되다(수동태)

문제로 정리

③ She [used to sing / is used to singing] with them.   그녀는 그들과 노래 부르곤 했다.

④ She [used to sing / is used to singing] with them.   그녀는 그들과 노래 부르는 데 익숙하다.

 문제로 정리 ① can't ② can't ③ used to sing ④ is used to singing

문장 정리 1. You may use my dictionary. 2. He may not come today. 3. I must go there now.
4. I must not go there now. 5. I don't have to go there now. 6. You should take an
umbrella. 7. You had better not take the medicine. 8. She used to keep a diary.

서술형, 수행 평가를 위한 조언

주어가 어떤 동작을 당하는 상황을 설명
하기 위해 능동태 문장을 수동태로 바
꾸는 규칙을 이해한다. 수동태의 시제나
부정문, 의문문 등 다양한 형태의 수동
태 문장을 살펴보고 쓰는 훈련을 한다.

서술형 수행평가 완벽 대비

PART 4
수동태

구성과 교과서 연계

Unit 1	수동태의 형태와 의미	천재(김) 7과, 미래엔(배) 10과
Unit 2	수동태의 시제와 문장의 종류	두산(김) 4과, 미래엔(배) 7과
Unit 3	기타 형태의 수동태	두산(이) 7과, 천재(이) 9과
문법 마무리		

✅ 중학 문법이 쓰기다 연계

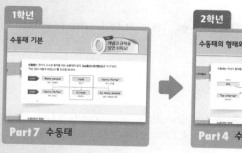

Part 7 수동태

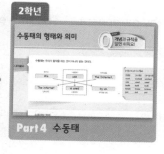

Part 4 수동태

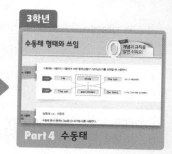

Part 4 수동태

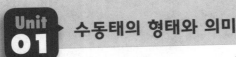

Unit 01 수동태의 형태와 의미

The Internet ❶ is used ❷ by many people.

Check❶ 주어가 동작을 '받는' 상태를 나타내는 수동태는 **[be동사 + 과거분사]** 형태이다.

Check❷ **[by + 행위자(목적격)]**가 수동태 뒤에 오는데, 이는 행위자가 일반 사람 또는 불필요한 경우 생략이 가능하다.

➞ 능동태: 청소한다

| I | clean | my room | every day. | 나는 매일 내 방을 **청소한다.** |

| My room | is cleaned | by me | every day. | 내 방은 매일 나에 의해 **청소된다.** |

➞ 수동태: 청소된다(주어에 따라 be동사가 달라진다.)

수동태의 형태

➞ 능동태의 목적어가 **수동태의 주어**가 된다. 또한, 능동태 동사 다음에 목적어가 오지만, **수동태 다음에는 목적어를 쓰지 않는다.**

형태	능동태	*They*	use	*the book*	in the class.	사용한다
	수동태 (be동사 + 과거분사)	*The book*	**is used**	*by them*	in the class.	사용된다
의미	~하다	*He*	makes	*a cake*	every day.	만든다
	~되다	*A cake*	**is made**	*by him*	every day.	만들어진다

✅ Grammar 비교하며 익히기 • 우리말에 맞게 고르시오.

1 도둑들은 경찰들에 의해 잡힌다.

Thieves　is caught / (are caught)　by police officers.

매시간 도둑이 한 명씩 잡힌다.

A thief　is caught / are caught　every hour.

2 그 배우는 많은 사람들에 의해 사랑받는다.

The actor　is loved / are loved　by many people.

그 배우들은 많은 사람들에 의해 사랑받는다.

The actors　is loved / are loved　by many people.

3 꽃들은 정원사들에 의해 심어진다.

Flowers　is planted / are planted　by gardeners.

그 꽃은 가을에 심어진다.

The flower　is planted / are planted　in fall.

4 그는 그녀를 존경한다.

He　respects / is respected by　her.

그녀는 그에 의해 존경을 받는다.

She　respects / is respected by　him.

5 기념품들은 관광객들에 의해 구매된다.

Souvenirs　buy / are bought by　tourists.

관광객들은 기념품들을 구매한다.

Tourists　buy / are bought by　souvenirs.

Sentence 비교하며 써보기

다음 동사들을 활용하여 우리말에 맞게 문장을 완성하시오.

1 draw

I draw many pictures every day.	나는 매일 많은 그림들을 그린다.
Many pictures _____	많은 그림들은 매일 나에 의해 그려진다.

2 buy

Many customers _____	많은 고객들이 그것들을 구매한다.
They _____	그것들은 많은 고객들에 의해 구매된다.

3 wash

The car _____	그 차는 매주 일요일에 나에 의해 세차된다.
I _____	나는 매주 일요일에 그 차를 세차한다.

4 create

Many characters _____	많은 캐릭터들이 작가에 의해 만들어진다.
An author _____	작가는 많은 캐릭터들을 만든다.

5 fix

Repairmen _____	수리공들은 컴퓨터들을 수리한다.
Computers _____	컴퓨터들은 수리공들에 의해 수리된다.

6 trust

Teachers _____	선생님들은 많은 학생들에 의해 신뢰받는다.
Many students _____	많은 학생들은 선생님들을 신뢰한다.

7 build

Engineers _____	공학자들은 로봇들을 만든다.
Robots _____	로봇들은 공학자들에 의해 만들어진다.

수행평가 SENTENCE WRITING

■ 다음 주어진 단어들을 활용하여 문장을 완성하시오.

deliver

Mailmen ① deliver letters. (능동)
= Letters ② _____ (수동)

catch

Police officers ③ _____ (능동)
= Thieves ④ _____ (수동)

✔ 숙제용으로도 쓸 수 있어요.

Grammar Point 기초 능동태와 수동태

▪ 주어진 단어들을 활용하여 우리말에 맞도록 빈칸에 알맞게 쓰시오.

use	She ___uses___ this bag every day.	이 가방을 사용한다
	This bag _____ by her every day.	이 가방이 사용된다
clean	I _____ my room every morning.	내 방을 청소한다
	My room _____ by me every morning.	내 방이 청소된다

➔ 수동태는 주어가 동작을 당하는 대상일 경우에 사용하며 [be동사 + 과거분사] 형태로 쓴다.

Grammar for Writing 문장 쓰기

▪ 주어진 단어들을 활용하여 우리말에 맞도록 빈칸에 알맞게 쓰시오

1 도둑들은 경찰들에 의해 잡힌다.　**catch** → Thieves ___are caught___ by police officers.

2 빵은 제빵사에 의해 구워진다.　**bake** → Bread _____ by bakers.

3 이 방은 그들에 의해 매일 청소된다.　**clean** → This room _____ by them every day.

4 채소들은 농부들에 의해 길러진다.　**grow** → Vegetables _____ by farmers.

5 꽃들은 정원사들에 의해 심어진다.　**plant** → Flowers _____ by gardeners.

6 그는 그녀에 의해 존경을 받는다.　**respect** → He _____ by her.

7 컴퓨터들은 수리공들에 의해 수리된다.　**fix** → Computers _____ by repairmen.

8 영어는 많은 사람들에 의해 말해진다.　**speak** → English _____ by many people.

9 우리는 그들에 의해 언제든 보호된다.　**protect** → We _____ by them any time.

10 편지들은 우체부들에 의해 배달된다.　**deliver** → Letters _____ by mailmen.

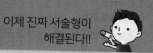

Grammar for 서술형 기본·심화 문제 풀기

A 기본 우리말에 맞게 다음 문장에서 틀린 부분을 찾고 문장을 다시 쓰시오.

1 The car is ~~wash~~ by me every Sunday.
→ The car is washed by me every Sunday.
그 차는 매주 일요일 나에 의해 세차된다.

2 Websites are designed web designers.
→
웹사이트들은 웹 디자이너들에 의해 디자인된다.

3 Many pictures are draw by me every day.
→
많은 그림들은 매일 나에 의해 그려진다.

4 Many problems are discover by an expert.
→
많은 문제들은 전문가에 의해 발견된다.

5 Robots is built by engineers.
→
로봇들은 공학자들에 의해 만들어진다.

6 Souvenirs are bought tourists.
→
기념품들은 관광객들에 의해 구매된다.

B 심화 다음을 읽고 문법상 잘못된 두 부분을 찾아 고치시오.

We can find hundreds of blogs on the Internet. Blogs are visited many people every day. Many subjects are cover by those blogs. Operating blogs is not difficult. How about starting your own blog?

우리는 인터넷에서 수백 개의 블로그들을 찾을 수 있다. 블로그들은 매일 많은 사람들에 의해 방문된다. 많은 주제들이 그 블로그들에 의해 다뤄진다. 블로그를 운영하는 것은 어렵지 않다. 네 자신만의 블로그를 시작해 보는 건 어떨까?

1

2

문법이 쓰기다 서술형

수동태의 시제와 문장의 종류

그 편지는 그에 의해 쓰여졌다.

The letter | was written | by him.

Check❶ be동사의 과거시제로 **수동태의 과거를** 나타낸다.

Check❷ 수동태 부정문은 **be동사** 뒤 **not**을 붙여서, 의문문은 **주어와 be동사 순서를 바꿔** 나타낸다. (과거분사형은 그대로 유지)

| It | was not designed | by them. | 그것은 그들에 의해 설계되지 않았다.

| Was | it | designed | by them? | 그것은 그들에 의해 설계되었니?

수동태의 시제와 문장의 종류

➜ be동사의 변화로 수동태의 시제를 다양하게 나타낼 수 있다.

not을 붙이거나 어순을 바꿔서 **수동태 부정문과 의문문을 만들** 수 있다.

✔ 수동태의 시제

| 현재시제 | am/is/are + 과거분사 | It **is** usually **bought** by many people. | 구매된다 |
| 과거시제 | was/were + 과거분사 | It **was** usually **bought** by many people. | 구매되었다 |

✔ 수동태 문장의 종류

| 부정문 | be동사 + not + 과거분사 | It **was not bought** by many people. | 구매되지 않았다 |
| 의문문 | Be동사 + 주어 + 과거분사 ~? | **Was** it **bought** by many people? | 구매되었니 |

* 주어가 복수인 경우: They **were bought** by many people. 그것들은 많은 사람들에 의해 구매되지 않았다.

✅ Grammar 비교하며 익히기 ▪ 다음 단어들을 활용하여 우리말에 맞게 쓰시오.

| 1 | **make** | The dolls | are made | by them. | 만들어진다 |
| | | The dolls | | by them. | 만들어졌다 |

| 2 | **copy** | This paper | | by this machine. | 복사된다 |
| | | This paper | | by this machine. | 복사되지 않는다 |

| 3 | **write** | They | | by us. | 쓰여졌다 |
| | | They | | by us. | 쓰여지지 않았다 |

| 4 | **love** | The actor | | by many people. | 사랑받는다 |
| | | | the actor | by many people? | 사랑받니 |

| 5 | **plant** | The tree | | by Lisa last year. | 심겨졌다 |
| | | | the tree | by Lisa last year? | 심겨졌니 |

Sentence 비교하며 써보기

주어진 동사들을 활용하여 우리말에 맞게 문장을 완성하시오.

1 그 채소들은 그들에 의해 길러진다. (grow)

The vegetables are grown   by them.

그 채소들은 그들에 의해 길러졌다. (grow)

 　　　　　　　　　　　　　　　　by them.

2 그 블로그는 많은 사람들에 의해 방문된다. (visit)

 　　　　　　　　　　by many people.

그 블로그는 많은 사람들에 의해 방문되었다. (visit)

 　　　　　　　　　　by many people.

3 그 센터는 그 정부에 의해 지어졌다. (build)

 　　　　　　　　　by the government.

그 센터는 그 정부에 의해 지어지지 않았다. (build)

 　　　　　　　　　by the government.

4 그 창문은 Matt에 의해 깨졌다. (break)

 　　　　　　　　　　　by Matt.

그 창문은 Matt에 의해 깨지지 않았다. (break)

 　　　　　　　　　　　by Matt.

5 웹사이트들은 웹 디자이너들에 의해 디자인된다. (design)

 　　　　　　　　　by web designers.

웹사이트들은 웹 디자이너들에 의해 디자인되니? (design)

 　　　　　　　　　by web designers?

6 그 학교 신문은 그들에 의해 만들어졌다. (make)

 　　　　　　　　　　by them.

그 학교 신문은 그들에 의해 만들어졌니? (make)

 　　　　　　　　　　by them?

7 그 병들은 그 선반 위에 놓여졌다. (put)

 　　　　　　　　　　on the shelf.

그 병들은 그 선반 위에 놓여졌니? (put)

 　　　　　　　　　　on the shelf?

■ 다음 조건에 맞게 문장을 바꿔 쓰시오.

The car is examined by him regularly.

[부정문, 현재시제] → ① __The car is not examined by him regularly.__

[긍정문, 과거시제] → ② _____

[부정문, 과거시제] → ③ _____

Grammar Point 기초 수동태의 시제와 부정문, 의문문

■ 주어진 단어들을 활용하여 우리말에 맞도록 빈칸에 알맞게 쓰시오.

repair	A car ____is repaired____ by engineers.	차가 수리된다
	The car _____ by engineers.	그 차가 수리되었다
design	It _____ by them.	설계되지 않는다
	_____ by them?	설계되니

→ 시제에 따라 수동태 be동사가 변한다. 수동태 부정문은 not을 붙여서, 의문문은 어순을 바꿔서 나타낸다.

Grammar for Writing 문장 쓰기

■ 주어진 단어들을 활용하여 우리말에 맞도록 빈칸에 알맞게 쓰시오.

1 그 편지는 그에 의해 배달되었다.   **deliver**   →   The letter was delivered   by him.

2 그 벽은 그 화가들에 의해 칠해졌다.   **paint**   →   _____   by the painters.

3 그 사고는 그들에 의해 일어났다.   **cause**   →   _____   by them.

4 그 배우는 많은 사람들에 의해 사랑받니?   **love**   →   _____   by many people?

5 그 나무는 그녀에 의해 심겨졌니?   **plant**   →   _____   by her?

6 그것들은 그녀에 의해 매일 사용되니?   **use**   →   _____   by her every day?

7 그 문제는 그에 의해 해결되었니?   **solve**   →   _____   by him?

8 이 종이는 이 기계에 의해 복사되지 않는다.   **copy**   →   _____   by this machine.

9 그들은 내 선생님에 의해 가르쳐지지 않았다.   **teach**   →   _____   by my teacher.

10 그것들은 우리에 의해 쓰여지지 않았다.   **write**   →   _____   by us.

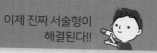

Grammar for 서술형 [기본·심화] 문제 풀기

A 기본 주어진 단어들을 활용하여 문장을 완성하시오.

보기

paint

take

cancel

grow

make

wrap

1 [This photo was taken] by the photographer.
이 사진은 그 사진사에 의해 찍혔다.

2 [   ] by the teacher.
그 계획은 그 교사에 의해 취소되었다.

3 [   ] by farmers?
채소들은 농부들에 의해 길러지니?

4 [   ] in a box?
그 선물들이 박스에 포장되었니?

5 The wall [   ]
그 벽은 Jane에 의해 칠해지지 않았다.

6 The dolls [   ]
그 인형들은 그들에 의해 만들어지지 않는다.

B 심화 주어진 단어들을 활용하여 문장을 쓰시오.

1 그 동전들은 한국에서 사용된다.

그 동전들은 한국에서 사용되었다.

(use) → [The coins are used in Korea.]

[   ]

2 그 병들은 그 선반 위에 놓여졌니?

그 병들은 그 선반 위에 놓여졌다.

(put) → [   ]

[   ]

3 그 동물들은 그들에 의해 보호받았다.

그 동물들은 그들에 의해 보호받지 않았다.

(protect) → [   ]

[   ]

4 그 창문은 Matt에 의해 깨졌다.

그 창문은 Matt에 의해 깨지지 않았다.

(break) → [   ]

[   ]

문법이 쓰기다 서술형

그것은 모래로 덮여 있다.

It [is covered with] sand.

Check ① of, in, at, with, about, as, for, to 등 by 이외의 전치사를 사용할 수 있다.

Check ② 조동사를 수동태 앞에 사용하면 **조동사의 의미가 추가**되고, 수동태의 be동사는 원형으로 쓴다.

➔ be made of: 물질의 모양은 변해도 성질은 그대로일 때(나무-가구), be made from: 물질의 성질이 변하거나 원래 형태를 찾기 어려운 경우(포도-와인).

| It | | is made of | | wood. | 그것은 나무로 만들어진다. |

| It | [| can be made of |] | wood. | 그것은 나무로 만들어질 수 있다. |

by 이외의 전치사와 조동사가 있는 수동태

➔ 같은 동사라도 어떤 전치사를 쓰느냐에 따라, 또는 수동태 앞 조동사의 종류에 따라 수동태의 의미가 달라진다.

by 이외의 전치사	be interested	**in**	~에 관심이 있다	be covered	**with**	~로 덮여 있다
	be involved		~와 관련이 있다	be filled		~로 가득 차 있다
	be tired	**of**	~에 실증이 나다		**as**	~로 알려져 있다
	be surprised	**at**	~에 놀라다	be known	**for**	~로 유명하다
	be worried	**about**	~에 대해 걱정하다		**to**	~에게 알려져 있다
조동사가 있는 수동태	**can**	be delivered	배달될 수 있다	**must**	be delivered	배달되어야 한다
	may		배달될지도 모른다	**have(has) to**		

Grammar 비교하며 익히기 ▪ 우리말에 맞게 고르시오.

1 나는 그 차에 실증이 난다.

I （am tired of / am interested in） the car.

나는 그 차에 관심이 있다.

I am tired of / am interested in the car.

2 그곳은 하얀 모래로 덮여 있다.

It is known for / is covered with white sand.

그곳은 하얀 모래로 유명하다.

It is known for / is covered with white sand.

3 그 책들은 그의 수업시간에 사용된다.

The books are used / can be used in his class.

그 책들은 그의 수업시간에 사용될 수 있다.

The books are used / can be used in his class.

4 그 문은 매일 밤 잠긴다.

The door is locked / has to be locked every night.

그 문은 매일 밤 잠겨야 한다.

The door is locked / has to be locked every night.

5 이 방은 매일 청소되어야 한다.

This room is cleaned / must be cleaned every day.

이 방은 매일 청소된다.

This room is cleaned / must be cleaned every day.

문법이 쓰기다 서술형

Sentence 비교하며 써보기

✏️ 우리말에 맞게 문장을 완성하시오.

1
She **is tired of** the results. — 그녀는 그 결과들에 싫증이 난다.
She _____ the results. — 그녀는 그 결과들에 놀란다.

2
He _____ the scandal. — 그는 그 추문과 관련이 있다.
He _____ the scandal. — 그는 그 추문으로 유명하다.

3
The shelf _____ books. — 그 책장은 책들로 가득 차 있다.
The shelf _____ dust. — 그 책장은 먼지로 덮여 있다.

4 send
_____ tomorrow. — 그 이메일은 내일 보내져야 한다. (have to)
_____ tomorrow. — 그 이메일은 내일 보내질지도 모른다. (may)

5 change
_____ by them. — 그 결정은 그들에 의해 바뀔 수 있다. (can)
_____ by them. — 그 결정은 그들에 의해 바뀔지도 모른다. (may)

6 cook
_____ soon. — 그것은 곧 요리될 수 있다. (can)
_____ soon. — 그것은 곧 요리되어야 한다. (have to)

7 use
_____ in the future. — 그것은 미래에 사용될 수 있다. (can)
_____ in the future. — 그것은 미래에 사용될지도 모른다. (may)

수행평가 SENTENCE WRITING

■ 다음 우리말에 맞게 문장을 쓰시오.

① 날씨가 너무 더워서, 나는 그 초콜릿 케이크를(에 대해) 걱정한다.

→ It's too hot, so I am worried about the chocolate cake.

② 그 케이크는 초콜릿으로 덮여 있다.

→ _____

③ 그 케이크는 초콜릿 크림으로 가득 차 있다.

→ _____

Grammar Point 기초 by 외 다른 전치사와 조동사를 수반하는 수동태

■ 우리말에 맞도록 빈칸에 알맞게 쓰시오.

be involved in, be tired of	He	is involved in	the work.	그 일과 관련이 있다
	He		the work.	그 일에 싫증이 난다
can, must, deliver	Everything		soon.	배달될 수 있다
	Everything		soon.	배달되어야 한다

→ by가 아닌 다른 전치사와 함께 쓰이는 수동태 표현들이 있다. 조동사는 수동태 앞에서 쓰여 수동태의 의미를 보충해주기도 한다.

Grammar for Writing 문장 쓰기

■ 우리말에 맞도록 빈칸에 알맞게 쓰시오.

1 그는 그 결과들에 놀랐다.　be surprised at → He was surprised at the results.

2 그는 정치인으로 알려져 있다.　be known as → a politician.

3 그는 팝 음악에 관심이 있다.　be interested in → pop music.

4 그 나라는 신선한 과일로 유명하다.　be known for → fresh fruits.

5 그 장소는 모래로 덮여 있다.　be covered with → sand.

6 그것은 월요일 전에 고려되어야 한다.　must, consider → before Monday.

7 이 방은 매일 청소되어야 한다.　have to, clean → every day.

8 그것은 미래에 사용될지도 모른다.　may, use → in the future.

9 그는 그들에 의해 보호받을 수 있다.　can, protect → by them.

10 그 상자들은 나에 의해 치워져야 한다.　must, remove → by me.

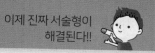

Grammar for 서술형 기본 · 심화 문제 풀기

A 기본 다음 우리말에 맞는 문장을 완성하시오.

보기

be filled with

order

lock

paint

be worried about

be covered with

1 I am worried about the result.

나는 그 결과에 대해 걱정한다.

2 The door

그 문은 매일 밤 잠겨야 한다. (must)

3 The bags _____ on the website.

그 가방들은 그 웹사이트에서 주문될 수 있다. (can)

4 The wall

그 벽은 그에 의해 칠해져야 한다. (have to)

5 The shelf

그 책장은 책들로 가득 차 있다.

6 The place

그 장소는 먼지로 덮여 있다.

B 심화 우리말에 맞도록 문장을 쓰시오.

1 나는 그 실험에 관심이 있다.   → I am interested in the experiment.

나는 그 실험과 관련이 있다.   →

2 그녀는 수영을 가르치는 것으로 유명했다.   →

그녀는 수영을 가르치는 것에 싫증이 났다.   →

3 그 책들은 그의 수업시간에 사용될 수 있다. (can)   →

그 책들은 그의 수업시간에 사용될지도 모른다. (may)   →

4 그 결정은 그들에 의해 바뀔 수 있다. (can)   →

그 결정은 그들에 의해 바뀌어야 한다. (must)   →

교과서 **문법 마무리** [개념 정리 ➕ 문장 정리 ➕ 문제 유형]

1. 내 차는 매주 일요일에 나에 의해 세차된다. (wash)

→ My car _____.

2. 그 창문은 Matt에 의해 깨졌다. (break)

→ The window _____
_____.

3. 그것들은 우리에 의해 쓰여지지 않았다. (write)

→ They _____.

4. 그 병들은 그 선반 위에 놓여졌니? (put)

→ _____
on the shelf?

5. 나는 그 차에 관심이 있다.

→ I _____ the car.

6. 그 결정은 그들에 의해 바뀔지도 모른다. (may)

→ The decision _____
_____ by them.

7. 그것은 곧 요리될 수 있다. (can)

→ It _____
soon.

8. 이 방은 매일 청소되어야 한다. (must)

→ This room _____
_____ every day.

1. 수동태의 형태, 시제와 문장의 종류

주어가 동작을 '받는' 상태를 나타내는 **수동태**는 [**be동사 + 과거분사**] 형태이다.
수동태 뒤에 [by + 행위자(목적격)]이 올 수 있다.

능동태	*He* makes *a cake* every morning.	만든다
수동태	*A cake* **is made** *by him* every morning.	만들어진다

be동사의 변화로 **수동태의 시제**를 다양하게 나타낼 수 있다.
부정문은 be동사와 과거분사 사이에 **not**을 붙여서, 의문문은 주어와 be동사의 순서를 바꿔서 쓴다.

현재시제	It **is** usually **bought** by them.	구매된다
과거시제	It **was** usually **bought** by them.	구매되었다
부정문	It **was not bought** by them.	구매되지 않았다
의문문	**Was** it **bought** by them?	구매되었니

문제로 정리

① He respects / is respected by her.   그는 그녀에 의해 존경을 받는다.

② The tree is planted / was planted by Lisa.   그 나무는 Lisa에 심겨졌다.

2. 기타 형태의 수동태

of나 **in, at, about** 등 **by** 이외의 전치사를 사용할 수 있다.
조동사를 수동태 앞에 사용하면 조동사의 의미가 추가된다.

be interested	in	~에 관심이 있다	be covered	with	~로 덮여 있다
be involved		~와 관련이 있다	be filled		~로 가득 차 있다
be tired	of	~에 실증이 나다		as	~로 알려져 있다
be surprised	at	~에 놀라다	be known	for	~로 유명하다
be worried	about	~에 대해 걱정하다		to	~에게 알려져 있다
can	be delivered	배달될 수 있다	**must**	be delivered	배달되어야 한다
may		배달될지도 모른다	**have(has) to**		

문제로 정리

③ He is involved in / is known for the scandal.   그는 그 추문과 관련이 있다.

④ He is involved in / is known for the scandal.   그는 그 추문으로 유명하다.

  ① is respected ② was planted ③ is involved in ④ is known for
 문장 정리 1. My car is washed by me every Sunday. 2. The window was broken by Matt.
3. They were not written by us. 4. Were the bottles put on the shelf? 5. I am interested
in the car. 6. The decision may be changed by them. 7. It can be cooked soon.
8. This room must be cleaned every day.

서술형, 수행 평가를 위한 조언

to부정사의 명사, 형용사, 부사적 용법
에 유의한다. 그 외에 [의문사 + to부정
사], too ~ to와 enough to 등 여러
가지 to부정사의 활용과 쓰임을 익히고,
문장을 정확히 쓰는 연습을 한다.

서술형 수행평가 완벽 대비

PART 5
to부정사

구성과 교과서 연계

Unit 1	to부정사의 명사와 형용사적 용법	두산(이) 7과, 천재(이) 5과
Unit 2	to부정사의 부사적 용법	두산(이) 12과, 비상(이) 6과
Unit 3	to부정사의 활용	두산(김) 8과, 천재(김) 9과
문법 마무리		

✅ 중학 문법이 쓰기다 연계

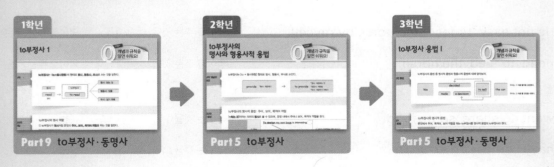

나는 돈을 **절약하는 것**을 계획한다.

I plan ┊ to save money. ┊
❶

↳ 목적어 역할을 하는 to부정사 명사적 용법

Check ❶ [to + 동사원형]인 **to부정사**의 **명사적 용법**은 '~하는 것'을 뜻하며 주어, 보어, 목적어 역할을 한다.
Check ❷ **형용사적 용법**은 '~할'을 뜻하며 앞의 명사나 대명사를 뒤에서 수식한다.

↳ 주어 역할을 하는 to부정사 명사적 용법

To save money ┊ is important.

돈을 **절약하는 것**은 중요하다.

I have ┊ a plan ┊ to save money.
❷

to부정사 형용사적 용법

나는 돈을 **절약할** 계획이 있다.

---

to부정사의 명사 · 형용사적용법

→ to부정사의 위치와 문맥상의 해석에 따라 **명사적** 또는 **형용사적 용법**을 구분할 수 있다.

명사적 용법: 운동하는 것	[주어 역할] 운동하는 것은	**To exercise** regularly is necessary. = **It** is necessary **to exercise** regularly. (가주어 it으로 시작하는 문장)
	[보어 역할] 운동하는 것이다	My plan is **to exercise** tonight.
	[목적어 역할] 운동하는 것을	I plan **to exercise** tonight. to부정사를 목적어로 취하는 동사: want, hope, decide, choose, plan, need, expect
형용사적 용법: 운동할		I have time **to exercise**.

＊ -thing / -one / -body + 형용사 + to부정사: something warm to drink 마실 따뜻한 것 (어순에 주의)

✅ Grammar 비교하며 익히기 ▪ 다음 문장에 맞는 우리말을 고르시오.

1 To publish my own book is my dream. ☑ 출간하는 것은 ☐ 출간하는 것이다

My dream is to publish my own book. ☐ 출간하는 것은 ☐ 출간하는 것이다

2 My hobby is to collect stamps. ☐ 수집하는 것을 ☐ 수집하는 것이다

I want to collect stamps. ☐ 수집하는 것을 ☐ 수집하는 것이다

3 It is not easy to feed the horse by myself. ☐ 먹이를 주는 것을 ☐ 먹이를 주는 것은

I need to feed the horse. ☐ 먹이를 주는 것을 ☐ 먹이를 주는 것은

4 I want to share some food. ☐ 나누는 것을 ☐ 나눌

I have some food to share. ☐ 나누는 것을 ☐ 나눌

5 There is someone to visit here. ☐ 방문할 ☐ 방문하는 것을

I plan to visit someone. ☐ 방문할 ☐ 방문하는 것을

Sentence 비교하며 써보기

✏ 다음 동사들을 활용하여 우리말에 맞게 문장을 완성하시오.

1 make

To make a budget is _____ her advice.
예산을 세우라는 것은 / 이다 / 그녀의 충고.

Her advice _____
그녀의 충고는 / 이다 / 예산을 세우라는 것.

2 provide

My plan _____
내 계획은 / 이다 / 그 정보를 제공하는 것.

I have _____
나는 / 가지고 있다 / 계획을 / 그 정보를 제공할.

3 finish

_____ important.
그 프로젝트를 끝내는 것은 / 이다 / 중요한.

I _____
나는 / 원한다 / 그 프로젝트를 끝내는 것을.

4 edit

_____ his job.
책을 편집하는 것은 / 이다 / 그의 직업.

His job _____
그의 직업은 / 이다 / 책을 편집하는 것.

5 build

It is _____
여기에 터널을 짓는 것은 / 이다 / 위험한.

I _____
나는 / 원한다 / 여기에 터널을 짓는 것을.

6 make

It is _____
좋은 친구들을 사귀는 것은 / 이다 / 중요한.

He _____
그는 / 원한다 / 좋은 친구들을 사귀는 것을.

7 buy

I _____
나는 / 가지고 있다 / 충분한 돈을 / 그 집을 살.

I _____
나는 / 희망한다 / 그 집을 사는 것을.

수행평가 SENTENCE WRITING

■ 다음 질문에 주어진 단어들을 활용하여 대답을 쓰시오. 조건 반드시 to부정사를 사용할 것.

Q: What is her dream?
A: ① Her dream is to own a restaurant.
　　　　　　　식당을 소유하는 것이다(own)

Q: What do you hope to be?
A: ② I _____
　　　조종사가 되기를 희망한다(hope)

Q: What is your hobby?
A: ③ _____ my hobby.
　　내 친구들과 수다떠는 것은(chat)

Q: What do you need?
A: ④ I _____
　　마실 것이 필요하다(need, something)

Grammar Point 기초 to부정사의 명사적 용법과 형용사적 용법

■ 주어진 단어들과 to부정사를 활용하여 우리말에 맞도록 빈칸에 알맞게 쓰시오.

design, my own bag, homework, complete	To design my own bag	is interesting.	내 가방을 디자인하는 것은
	My dream is		내 가방을 디자인하는 것이다
	I like		내 가방을 디자인하는 것을
	I have		끝마쳐야 할 숙제가 있다

→ to부정사는 주어, 보어, 목적어 자리에서 명사의 역할과, 명사나 대명사를 수식하는 형용사 역할을 한다.

Grammar for Writing 문장 쓰기

■ 주어진 단어들과 to부정사를 사용하여 우리말에 맞도록 빈칸에 알맞게 쓰시오.

1 내 방을 장식하는 것은 어렵다.　decorate → To decorate my room　is difficult.

2 내 취미는 우표들을 수집하는 것이다.　collect → My hobby is

3 그는 쌀을 재배하는 것을 시작했다.　grow → He started

4 내 꿈은 내 책을 출간하는 것이다.　publish → My dream is

5 나는 나눌 약간의 음식이 있다.　share → I have

6 나는 마실 것이 필요하다.　drink → I need

7 그는 입을 여름 옷이 없다.　wear → He doesn't

8 이곳을 방문할 누군가가 있다.　visit → There is

9 나는 이야기할 누군가가 필요하다.　talk to → I need

10 나를 도와줄 누군가가 있다.　help → There is

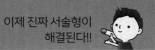

Grammar for 서술형 기본·심화 문제 풀기

A 기본 주어진 단어들을 배열하여 문장을 완성하시오.

1 dangerous, is, a tunnel, to build, here

→ It [is dangerous to build a tunnel here.]

여기에 터널을 짓는 것은 위험하다.

2 to be, is, a bank teller, dream

→ My [   ]

내 꿈은 은행원이 되는 것이다.

3 a pilot, hope, to be

→ I [   ]

나는 조종사가 되기를 바란다.

4 an old car, have, to sell

→ I [   ]

나는 판매할 오래된 차를 가지고 있다.

5 to tell, decided, the truth, you

→ I [   ]

나는 네게 진실을 말하기로 결심했다.

6 made, to save, a plan, money

→ I [   ]

나는 돈을 절약할 계획을 세웠다.

B 심화 주어진 단어들을 배열하고 우리말을 쓰시오.

1 to own, is, a restaurant

영문장 → Her dream [is to own a restaurant.]

우리말 → [   ]

2 to respect, it is, others, important

영문장 → [   ]

우리말 → [   ]

3 necessary, a goal, is, to set

영문장 → [   ]

우리말 → [   ]

4 many rooms, there are, to clean

영문장 → [   ]

우리말 → [   ]

나는 그것을 들어서 기쁘다.

I am pleased to hear that.

Check❶ to부정사가 문장 안에서 **부사의 역할**을 하는 것을 **부사적 용법**이라 한다.
Check❷ 부사적 용법은 문맥에 따라 **다양한 의미로 해석**이 가능하다.

| He went to Australia | to work | with her. | 그는 그녀와 일하기 위해 호주에 갔다. |
| I am happy | to work | with her. | 나는 그녀와 일하게 되어서 행복하다. |

to부정사의 부사적 용법

→ 부사의 역할을 하는 to 부정사는 **목적, 감정의 원인, 판단의 근거, 결과** 등을 나타낼 수 있다.

목적	study **to be** a pilot 조종사가 되기 위해 공부하다	* 목적을 나타내는 to부정사를 [in order to부정사]나 [so as to 부정사]로 바꿔 쓸 수 있다.
감정의 원인	pleased **to be** a pilot 조종사가 되어서 기쁜	* pleased, glad, excited, shocked, upset 등과 같은 감정 형용사와 함께 쓴다.
판단의 근거	must be smart **to be** a pilot 조종사가 되다니 영리한 게 틀림없다	* 주로 조동사 must '~임에 틀림없다(~인 게 분명하다)'와 함께 쓴다.
결과	grow up **to be** a pilot 자라서 조종사가 되다	* 주로 grow up, live, wake up과 함께 쓴다.

💬 Grammar 비교하며 익히기 · 다음 문장에 맞는 우리말을 고르시오.

1 I bought candles to decorate my room. ✓ (목적) 장식하기 위해 ☐ (감정 원인) 장식해서

I was excited to decorate my room. ☐ (목적) 장식하기 위해 ☐ (감정 원인) 장식해서

2 I came to the kitchen to drink water. ☐ (목적) 마시기 위해 ☐ (판단 근거) 마시다니

He must be thirsty to drink water often. ☐ (목적) 마시기 위해 ☐ (판단 근거) 마시다니

3 I'm pleased to stay in this hotel. ☐ (목적) 머물기 위해 ☐ (감정 원인) 머물러서

I paid more to stay in this hotel. ☐ (목적) 머물기 위해 ☐ (감정 원인) 머물러서

4 He went there to buy it. ☐ (판단 근거) 사다니 ☐ (목적) 사기 위해

You must be rich to buy it. ☐ (판단 근거) 사다니 ☐ (목적) 사기 위해

5 She was happy to be with you. ☐ (결과) 되다 ☐ (감정 원인) 있어서

She grew up to be a doctor. ☐ (결과) 되다 ☐ (감정 원인) 있어서

Sentence 비교하며 써보기

✎ 다음 동사들을 활용하여 우리말에 맞게 문장을 완성하시오.

1 join

I ‥‥ visited the office to join the club. ‥‥‥‥‥‥‥‥‥
나는 그 동아리에 가입하기 위해 그 사무실을 방문했다.

I ‥‥‥‥‥‥‥‥‥‥‥‥‥‥‥‥‥‥‥‥‥‥‥‥‥‥
나는 그 동아리에 가입하게 되어서 신났다(**excited**).

2 sleep

He ‥‥‥‥‥‥‥‥‥‥‥‥‥‥‥‥‥‥‥‥‥‥
그는 일찍 자다니 피곤한 게 틀림없다.

He ‥‥‥‥‥‥‥‥‥‥‥‥‥‥‥‥‥‥‥‥‥‥
그는 일찍 자기 위해 그의 숙제를 끝냈다.

3 be

She ‥‥‥‥‥‥‥‥‥‥‥‥‥‥‥‥‥‥‥‥‥
그녀는 90세까지 살았다(90세가 되었다).

She ‥‥‥‥‥‥‥‥‥‥‥‥‥‥‥‥‥‥‥‥‥
그녀는 가수가 되어서 기뻤다(**glad**).

4 be

She ‥‥‥‥‥‥‥‥‥‥‥‥‥‥‥‥‥‥‥‥‥
그녀는 의사가 되다니 영리한 게 틀림없다.

She ‥‥‥‥‥‥‥‥‥‥‥‥‥‥‥‥‥‥‥‥‥
그녀는 자라서 의사가 되었다.

5 buy

He ‥‥‥‥‥‥‥‥‥‥‥‥‥‥‥‥‥‥‥‥‥
그는 그 차를 사기 위해 돈을 모았다.

He ‥‥‥‥‥‥‥‥‥‥‥‥‥‥‥‥‥‥‥‥‥
그는 그 차를 사다니 부자인 게 틀림없다.

6 be

I ‥‥‥‥‥‥‥‥‥‥‥‥‥‥‥‥‥‥‥‥‥‥
나는 자라서 소방관이 되었다.

I ‥‥‥‥‥‥‥‥‥‥‥‥‥‥‥‥‥‥‥‥‥‥
나는 소방관이 되어서 기뻤다(**happy**).

7 see

I ‥‥‥‥‥‥‥‥‥‥‥‥‥‥‥‥‥‥‥‥‥‥
나는 너를 봐서 즐거웠다(**pleased**).

I ‥‥‥‥‥‥‥‥‥‥‥‥‥‥‥‥‥‥‥‥‥‥
나는 너를 보기 위해 여기에 왔다.

수행평가 SENTENCE WRITING

■ 다음 보기의 주어진 말을 활용하여 to부정사 문장을 완성하고 우리말을 쓰시오.

protect the environment	say so	work with you	be a scientist

① I grew up ‥ to be a scientist. ‥‥‥‥‥‥‥ → 우리말: 나는 자라서 과학자가 되었다.

② I'm glad ‥‥‥‥‥‥‥‥‥‥‥‥‥‥ → 우리말: ‥‥‥‥‥‥‥‥‥‥‥‥‥‥‥

③ We plant trees ‥‥‥‥‥‥‥‥‥‥‥ → 우리말: ‥‥‥‥‥‥‥‥‥‥‥‥‥‥‥

④ She must be rude ‥‥‥‥‥‥‥‥‥ → 우리말: ‥‥‥‥‥‥‥‥‥‥‥‥‥‥‥

Grammar Point [기초] 목적과 감정의 원인, 판단의 근거, 결과를 나타내는 to부정사

- 빈칸에 우리말을 알맞게 쓰시오.

study **to be a pilot** (목적)	조종사가 되기 위해	공부하다
pleased **to be a pilot** (감정의 원인)		기쁜
must be smart **to be a pilot** (판단의 근거)		영리한 게 틀림없다
grow up **to be a pilot** (결과)	자라서	

→ to부정사는 목적, 감정의 원인, 판단의 근거, 결과를 나타내는 부사의 역할을 할 수 있다.

Grammar for Writing 문장 쓰기

- 주어진 단어들과 to부정사를 사용하여 우리말에 맞도록 빈칸에 알맞게 쓰시오.

1　나는 내 방을 장식하기 위해 촛불을 샀다.　**decorate** → I bought candles　to decorate my room.

2　나는 이 학교를 떠나서 슬프다.　**leave** → I feel sad

3　나는 그림들을 그리기 위해 붓을 샀다.　**draw** → I bought a paintbrush

4　나는 너와 이야기해서 기쁘다.　**talk** → I'm glad

5　나는 그 동아리에 들기 위해 그 사무실을 방문했다.　**join** → I visited the office

6　그는 일찍 자다니 피곤한 게 틀림없다.　**sleep** → He must be tired

7　너는 그것을 사다니 부자인 게 틀림없다.　**buy** → You

8　그녀는 자라서 의사가 되었다.　**be** → She

9　그는 90세까지 살았다.　**be** → He

10　그는 자라서 작가가 되었다.　**be** → He

Grammar for 서술형 기본·심화 문제 풀기

A 기본 주어진 단어들을 배열하여 문장을 완성하시오.

1 glad, with you, to work, I'm
→ I'm glad to work with you.
나는 너와 일하게 되어서 기쁘다.

2 a backpack, need, to carry, I, books
→ [   ]
나는 책들을 나를 배낭이 필요하다.

3 she, kind, to help, must be, me
→ [   ]
그녀는 나를 도와주다니 친절한 게 틀림없다.

4 to find myself, I, woke up, famous
→ [   ]
나는 자고 일어나서 내 스스로가 유명해진 걸 알았다.

5 to be, grew up, I, a firefighter
→ [   ]
나는 자라서 소방관이 되었다.

B 심화 주어진 단어들을 배열하고 우리말을 쓰시오.

1 to marry, I am, you, happy
영문장 → I am happy to marry you.
우리말 → 나는 너와 결혼해서 기쁘다.

2 must be, she, to sleep too much, lazy
영문장 → [   ]
우리말 → [   ]

3 you, to solve, the problem, must be, clever
영문장 → [   ]
우리말 → [   ]

4 they, the truth, came here, to discover
영문장 → [   ]
우리말 → [   ]

5 seventy, he, to be, lived
영문장 → [   ]
우리말 → [   ]

나는 어떻게 수영하는 지 모른다.

I don't know ┊ how to swim. ┊

Check❶　[의문사 + to부정사]는 '~할지'의 뜻으로 명사처럼 쓰인다.
Check❷　[too ~ to부정사(~하기에 너무 …한)]은 부정의 의미를, [enough + to부정사(~하기에 충분히 …한)]은 긍정의 의미를 지닌다.

> too + 형/부 + to부정사

He is ┊ too ┊ old ┊ to ┊ drive ┊ a car.　그는 차를 운전하기에 너무 나이가 들었다.

He is ┊ old ┊ enough to ┊ drive ┊ a car.　그는 차를 운전하기에 충분히 나이가 들었다.

> 형/부 + enough + to부정사

to부정사의 활용
→ to부정사는 **의문사**나 **too, enough**와 함께 여러 의미로 쓰일 수 있다.

의문사 + to부정사	
what/which to help	무엇을 도와야 할지
when to help	언제 도와야 할지
where to help	어디에서 도와야 할지
how to help	어떻게 도와야 할지

> [의문사 + 주어 + should + 동사원형]으로 바꿔 쓸 수 있다.

too ~ to, enough to
too tall **to** wear this　[부정] 이것을 입기에 너무 키가 큰
→ **so** tall **that** I **can't** wear this
tall **enough to** wear this　[긍정] 이것을 입기에 충분히 키가 큰
→ **so** tall **that** I **can** wear this

✅Grammar 비교하며 익히기　▪ 우리말에 맞게 고르시오.

1　나는 오늘 밤에 언제 잘지 모르겠다.
I don't know （when to sleep） / where to sleep　tonight.

나는 오늘 밤에 어디서 잘지 모르겠다.
I don't know　when to sleep / where to sleep　tonight.

2　나는 그것을 어떻게 설명할지 결정하지 않았다.
I didn't decide　how to explain / what to explain　it.

나는 그것에 관해 무엇을 설명할지 결정하지 않았다.
I didn't decide　how to explain / what to explain　about it.

3　나는 이 의자에 앉기에 너무 크다.
I am　too big / big enough　to sit on this chair.

나는 이 의자에 앉기에 충분히 크다.
I am　too big / big enough　to sit on this chair.

4　그는 그 영화를 보기에 충분히 나이가 들었다.
He is　too old / old enough　to watch the movie.

그는 그 영화를 보기에 너무 나이가 들었다.
He is　too old / old enough　to watch the movie.

Sentence 비교하며 써보기

✏ 다음 동사들을 활용하여 우리말에 맞게 to부정사 문장을 완성하시오.

1 meet

I don't know | where to meet her. | 나는 그녀를 어디서 만날지 모른다.

I don't know | | 나는 그녀를 언제 만날지 모른다.

2 park

Tell me | | 네 차를 어디에 주차할지 내게 말해줘.

Tell me | | 네 차를 언제 주차할지 내게 말해줘.

3 fix

Tell me | | 이 전화기를 어떻게 고치는지 내게 말해줘.

Tell me | | 이 전화기를 어디서 고치는지 내게 말해줘.

4 begin

He told me | | 그는 그것을 어떻게 시작할지 내게 말했다.

He told me | | 그는 그것을 언제 시작할지 내게 말했다.

5 talk

She is so upset that she can't talk to me.

→ She is | | 그녀는 나에게 말하기에 너무 화가 나있다.

6 hold

The site is so large that it can hold the animals.

→ The site is | | 그 장소는 그 동물들을 수용하기에 충분히 넓다.

7 win

She is so clever that she can win the prize.

→ She is | | 그녀는 그 상을 수상하기에 충분히 똑똑하다.

수행평가 SENTENCE WRITING

■ 다음 대화를 보고 밑줄 친 문장을 too나 enough가 들어간 to부정사 문장으로 바꿔 쓰시오.

A: There are boxes to carry.
① *I am so sick that I can't carry the boxes.* I will ask Julia to help me.

B: Julia? ② *She is so weak that she can't lift the boxes.* Why don't you ask Peter? ③ *He is so strong that he can carry the boxes.*

① I am too sick to carry the boxes.

②

③

Grammar Point [기초] 의문사 + to부정사와 too ~ to, enough to

■ 주어진 단어를 활용하여 우리말에 맞는 to부정사 문장을 완성하시오.

swim	I don't know	how to swim.	어떻게 수영을 하는지 모른다
	I don't know		어디에서 수영을 할지 모른다
	You are	young	수영을 하기에 너무 어린
	You are old		수영을 하기에 충분히 나이가 든

➜ to부정사는 의문사와 함께 명사처럼 쓰인다. too ~ to는 부정의 의미, enough to는 긍정의 의미를 나타낸다.

Grammar for Writing 문장 쓰기

■ 주어진 단어들을 활용하여 우리말에 맞는 to부정사 문장을 완성하시오.

1 나는 그 프로젝트를 언제 시작할지 모른다.   begin   → I don't know   when to begin   the project.

2 나는 너에게 어떻게 사과할지 모른다.   apologize   → I don't know   to you.

3 오늘 밤 어디로 갈지 내게 말해줘.   go   → Tell me   tonight.

4 나는 여기를 언제 떠날지 모른다.   leave   → I don't know   here.

5 그녀는 그 기술을 어떻게 향상시킬지 설명했다.   improve   → She explained   the skill.

6 그녀는 그 상을 수상하기에 충분히 똑똑하다.   win   → She is   the prize.

7 그 차는 많은 사람들을 태우기에 충분히 크다.   carry   → The car is   many people.

8 그녀는 이 드레스를 입기에 충분히 키가 크다.   wear   → She is   this dress.

9 오늘 날씨가 걷기에 너무 덥다.   walk   → It is   today.

10 그녀는 그 가방을 나르기에 너무 약하다.   carry   → She is   the bag.

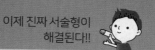

Grammar for 서술형 기본·심화 문제 풀기

A 기본 주어진 단어들을 (중복) 활용하여 to부정사 문장을 완성하시오.

보기

be

begin

meet

park

explain

1 I didn't decide how to explain it.

나는 그것을 어떻게 설명할지 결정하지 않았다.

2 I

나는 그녀를 어디서 만날지 모른다.

3 Tell me

네 차를 언제 주차할지 내게 말해줘.

4 He

그는 그것을 어떻게 시작할지 내게 말했다.

5 She's

그녀는 의사가 되기에 충분히 똑똑하다.

6 I'm

나는 혼자 있기에 너무 초조하다.

B 심화 우리말에 맞는 to부정사 문장을 쓰시오.

1 나는 오늘 밤 언제 잘지 모른다. → I don't know when to sleep tonight.

　나는 오늘 밤 어디서 잘지 모른다. →

2 그것을 어떻게 사용할지 내게 말해줘. →

　그것을 언제 사용할지 내게 말해줘. →

3 그는 차를 운전하기에 너무 나이가 들었다. →

　그는 차를 운전하기에 충분히 나이가 들었다. →

4 나는 이 의자에 앉기에 너무 크다. →

　나는 이 의자에 앉기에 충분히 크다. →

Part 5에 나오는 문장 정리

1. 내 책을 출간하는 것은 내 꿈이다.

→ To _____
_____ my dream.

2. 내 꿈은 내 책을 출간하는 것이다.

→ My dream _____
_____.

3. 나는 마실 것이 필요하다.

→ I need _____
_____.

1. to부정사의 용법

[to + 동사원형]인 **to부정사**는 **명사, 형용사, 부사적 용법**으로 구분된다.

명사적 용법: **운동하는 것**	[주어 역할]	**To exercise** regularly is necessary. = **It** is necessary **to exercise** regularly.	운동하는 것은
	[보어 역할]	My plan is **to exercise** tonight.	운동하는 것이다
	[목적어 역할]	I plan **to exercise** tonight.	운동하는 것을
형용사적 용법: 운동할		I have time **to exercise**.	운동할

to부정사 부사적 용법은, 문맥에 따라 해석이 달라진다.

목적	study **to be** a pilot 조종사가 되기 위해 공부하다	* in order to나 so as to로 바꿔 쓸 수 있다.
감정의 원인	pleased **to be** a pilot 조종사가 되어서 기쁜	* 감정 형용사 pleased, glad 등과 함께 쓴다.
판단의 근거	must be smart **to be** a pilot 조종사가 되다니 영리한 게 틀림없다	* 주로 조동사 must와 함께 쓴다.
결과	grow up **to be** a pilot 자라서 조종사가 되다	* 주로 grow up, live, wake up과 함께 쓴다.

문제로 정리

① I plan to visit someone.
- ☐ 방문할 ☐ 방문하는 것을

② She was happy to be with you.
- ☐ (결과) 되다 ☐ (감정 원인) 있어서

4. 나는 그것을 어떻게 설명할지
결정하지 않았다.

→ I _____ it.

5. She is so upset that she
can't talk to me.

= She is _____
_____ to me.

6. This site is so large that it
can hold many animals.

= This site is _____
_____ many animals.

2. to부정사의 활용

[의문사 + to부정사]와 **too, enough**와 함께 쓰는 **to부정사** 표현을 기억한다.

의문사 + to부정사		too ~ to, enough to
what/which to help	무엇을 도와야 할지	too tall to wear this [부정]
when to help	언제 도와야 할지	이것을 입기에 너무 키가 큰 → so tall that I can't wear this
where to help	어디에서 도와야 할지	tall enough to wear this [긍정]
how to help	어떻게 도와야 할지	이것을 입기에 충분히 키가 큰 → so tall that I can wear this

문제로 정리

③ I don't know | when to sleep / where to sleep | tonight. 나는 오늘 밤에 언제 잘지 모르겠다.

④ I don't know | when to sleep / where to sleep | tonight. 나는 오늘 밤에 어디서 잘지 모르겠다.

문제로 정리 ① 방문하는 것을 ② (감정 원인) 있어서 ③ when to sleep ④ where to sleep

문장 정리 1. To publish my own book is my dream. 2. My dream is to publish my own book.
3. I need something to drink. 4. I didn't decide how to explain it. 5. She is too upset to
talk to me. 6. This site is large enough to hold many animals.

The Wind
by Christina Rossetti

Who has seen the wind?
Neither I nor you.
But when the leaves hang trembling,
The wind is passing through.

Who has seen the wind?
Neither you nor I.
But when the trees bow down their heads,
The wind is passing by.

바람

누가 바람을 본 적이 있니?
나도 아니고 너도 아니야.
그러나 애달린 이파리가 떨릴 때,
바람이 지나가고 있는 거야.

누가 바람을 본 적이 있니?
나도 아니고 너도 아니야.
그러나 나무가 고개를 숙일 때,
바람이 지나가고 있는 거야.

part 6이 이어져요. →

서술형 수행평가 **완벽 대비**

PART 6
동명사와 분사

구성과 교과서 연계

Unit 1 동명사의 역할과 쓰임	두산(김) 9과, 천재(이) 1과
Unit 2 동명사의 활용	천재(이) 5과, 두산(김) 9과
Unit 3 분사의 역할과 쓰임	천재(김) 10과, 비상(이) 7과
Unit 4 감정분사와 분사구문	비상(이) 9과, 두산(김) 3과
문법 마무리	

✅ 중학 문법이 쓰기다 연계

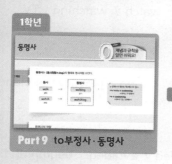

1학년

Part 9 to부정사·동명사

2학년

Part 6 동명사

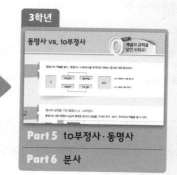

3학년

Part 5 to부정사·동명사

Part 6 분사

나는 스케이트 타는 것을 즐긴다.

I enjoy skating. ①

Check ① 동명사는 동사원형에 **-ing**를 붙여 만든 명사로 '~하는 것, ~하기'라고 해석한다.
Check ② 동명사는 주어와 보어, 동사의 목적어와 전치사의 목적어 역할을 한다.

↪ 주어 역할을 하는 동명사이며 단수로 취급한다.

| Swimming | is | fun. |
| My hobby | is | swimming. |

수영하는 것은 재미있다.

내 취미는 수영하는 것이다.

↪ 보어 역할을 하는 동명사

동명사를 취하는 표현
→ 동사나 전치사의 목적어로 동명사만을 취하는 표현들이 있다.

playing 하는 것	주어	**Playing** tennis is interesting.	테니스를 하는 것은
	보어	My hobby is **playing** tennis.	테니스를 하는 것이다
	동사의 목적어	I enjoy **playing** tennis. 동명사를 목적어로 취하는 동사: enjoy, practice, avoid, give up, suggest, finish, dislike, mind	테니스를 하는 것을
	전치사의 목적어	I am good at **playing** tennis. 동명사를 목적어로 취하는 표현: be good at(~을 잘하다), talk about(~에 대해 말하다), be worried about(~에 대해 걱정하다), think of/about(~을/~에 대해 생각하다), look forward to(~을 고대하다)	테니스를 하는 것을

* to부정사를 목적어로 취하는 동사: want, need, decide, hope, choose, plan, expect

✅ Grammar 비교하며 익히기 ▪ 둘 중 알맞은 것을 고르시오.

1 Attend / (Attending) a festival is interesting. Gone to / Going to a festival is interesting.

2 My dream is be / being an inventor. My dream is meeting / met the inventor.

3 My hobby is listening to / listened to music. My hobby is watch / watching TV.

4 I enjoyed / wanted playing the piano. I practiced / hoped playing the piano.

5 They suggested / needed beginning the project. They decided / avoided beginning the project.

6 I planned / disliked trying foreign foods. I avoided / chose trying foreign foods.

Sentence 비교하며 써보기

✎ 다음 동사들을 활용하여 우리말에 맞게 동명사 문장을 완성하시오.

1 sweep

| Sweeping a floor is | boring. | 바닥을 쓰는 것은 / 이다 / 지겨운. |

I _____ | 나는 / 싫어한다 / 바닥을 쓰는 것을.

2 write

My hobby _____ | 내 취미는 / 이다 / 시를 쓰는 것.

I _____ | 나는 / ~을 잘한다 / 시를 쓰는 것을.

3 change

We _____ | 우리는 / ~에 대해 말했다 / 그 커튼을 바꾸는 것을.

_____ difficult. | 그 커튼을 바꾸는 것은 / 이다 / 어려운.

4 keep

I _____ | 나는 / 즐긴다 / 일기를 쓰는 것을.

My hobby _____ | 내 취미는 / 이다 / 일기를 쓰는 것.

5 work

He _____ | 그는 / 제안했다 / 유럽에서 일하는 것을.

He _____ | 그는 / ~을 고대한다 / 유럽에서 일하는 것을.

6 bake

_____ difficult. | 쿠키를 굽는 것은 / 이다 / 어려운.

Today's plan _____ | 오늘의 계획은 / 이다 / 쿠키를 굽는 것.

7 make

I _____ | 나는 / ~에 대해 걱정한다 / 새 친구들을 사귀는 것을.

_____ exciting. | 새 친구들을 사귀는 것은 / 이다 / 신나는.

수행평가 SENTENCE WRITING

■ 다음 틀린 문장을 올바른 문장으로 다시 고쳐 쓰시오.

① Audrey is good at swim. → Audrey is good at swimming.

② I enjoy to read books. → _____

③ Tania gave up to play the piano. → _____

④ They look forward to see you. → _____

Grammar Point [기초] 동명사의 주어와 보어, 목적어 역할

▪ 우리말에 맞도록 빈칸에 알맞게 쓰시오.

play tennis	Playing tennis is interesting.	테니스를 하는 것은
	My hobby is	테니스를 하는 것이다
	I enjoy	테니스를 하는 것을
	I am good at	테니스를 하는 것을

➔ 동명사는 [동사 + -ing] 형태이며 쓰임은 동사가 아니라 명사이다. 문장 안에서 주어, 보어, 그리고 동사와 전치사의 목적어 역할을 한다.

Grammar for Writing 문장 쓰기

▪ 주어진 단어들과 동명사를 사용하여 우리말에 맞도록 빈칸에 알맞게 쓰시오.

1 축제에 참석하는 것은 재미있다.　**attend** → Attending a festival is interesting.

2 오늘의 계획은 우표들을 사는 것이다.　**buy** → Today's plan is

3 내 취미는 음악을 듣는 것이다.　**listen to** → My hobby is

4 내 꿈은 발명가가 되는 것이다.　**be** → My dream is

5 그들은 그 프로젝트를 시작하는 것을 제안했다.　**begin** → They suggested

6 나는 외국 음식을 시도하는 것을 피한다.　**try** → I avoid

7 나는 그 시험을 위해 준비하는 것을 끝냈다.　**prepare** → I finished

8 나는 그 산을 오르는 것을 꺼리지 않는다.　**climb** → I don't mind

9 나는 예산을 세우는 것을 포기했다.　**make** → I gave up

10 바닥을 쓰는 것은 지겹다.　**sweep** → is boring.

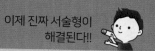
Grammar for 서술형 기본·심화 문제 풀기

A 기본 주어진 단어들을 배열하여 문장을 완성하시오.

1 volunteering, in Africa, dream, is

→ My ┃ dream is volunteering in Africa.
내 꿈은 아프리카에서 자원봉사를 하는 것이다.

2 hobby, watching, is, a movie

→ My ┃
내 취미는 영화를 보는 것이다.

3 enjoy, I, the cello, playing

→ ┃
나는 첼로를 연주하는 것을 즐긴다.

4 fun, singing, is

→ ┃
노래하는 것은 재미있다.

5 ordering, easy, is, food online

→ ┃
온라인으로 음식을 주문하는 것은 쉽다.

B 심화 주어진 단어들을 배열하고 우리말을 쓰시오.

1 is, difficult, cookies, baking

영문장 → ┃ Baking cookies is difficult.
우리말 → ┃ 쿠키를 굽는 것은 어렵다.

2 a goal, important, is, setting

영문장 → ┃
우리말 → ┃

3 sharing, suggested, we, food, with them

영문장 → ┃
우리말 → ┃

4 I, making, am worried about, new friends

영문장 → ┃
우리말 → ┃

5 in Europe, look forward to, I, working

영문장 → ┃
우리말 → ┃

동명사의 활용

나는 축구하는 것을 좋아한다.

I like ⌜playing⌝ soccer. ❶

Check❶ 동명사와 to부정사를 **모두 목적어**로 취하거나, **둘 중 하나**만 목적어로 취하는 동사들이 있다.
Check❷ 동명사와 to부정사를 **둘 다 목적어**로 취하되, **목적어에 따라 의미가 달라지는** 동사들이 있다.

> 샀던 것을 [과거]

I ⌜ remember buying ❷ ⌝ headphones.   나는 헤드폰을 샀던 것을 기억한다.

I ⌜ remember to buy ⌝ headphones.   나는 헤드폰을 살 것을 기억한다.

> 살 것을 [미래]

> stop의 바로 뒤 to부정사는 목적어X, to부정사 부사적 용법임을 유의

동명사와 to부정사를 모두 취하는 동사	동명사를 취하는 동사	to부정사를 취하는 동사
like, love, hate, begin, start	enjoy, finish, mind, avoid, stop, keep, practice, give up	want, need, decide, hope, learn, plan, promise, wish, would like

동명사와 to부정사를 목적어로 취하되 목적어에 따라 의미가 달라지는 동사					
remember +		**forget +**		**try +**	
buying [과거] 샀던 것을	to buy [미래] 살 것을	buying [과거] 샀던 것을	to buy [미래] 살 것을	opening [시도] (한 번) 열어 보는 것을	to open [노력] 여는 것을(열기 위해 노력하다)

* 동명사의 관용표현: go -ing ~하러 가다   look forward to -ing ~하는 것을 고대하다   How/What about -ing ~하는 게 어때?
feel like -ing ~하고 싶다   have difficulty/trouble -ing ~하는 데 어려움을 겪다   be busy -ing ~하느라 바쁘다

💬 Grammar 비교하며 익히기 • 우리말에 맞게 고르시오.

1 그는 그녀와 운동하는 것을 포기했다.

He gave up ⟨exercising⟩ / to exercise with her.

그는 그녀와 운동하는 것을 계획했다.

He planned exercising / to exercise with her.

2 나는 그 사진을 가지고 오는 것을 꺼렸다.

I minded bringing / to bring the photograph.

나는 그 사진을 가지고 올 것을 약속했다.

I promised bringing / to bring the photograph.

3 나는 그 문을 열어 보는 것을 시도했다.

I tried opening / to open the door.

나는 그 문을 열기 위해 노력했다.

I tried opening / to open the door.

4 그녀는 불을 껐던 것을 잊었다.

She forgot turning off / to turn off the light.

불을 끌 것을 잊지 말아라.

Don't forget turning off / to turn off the light.

5 나는 하이킹하는 것을 고대한다.

I look forward to / go going hiking.

나는 매주 하이킹하러 간다.

I look forward to / go hiking every week.

Sentence 비교하며 써보기

✎ 다음 동사를 활용하여 우리말에 맞게 문장을 완성하시오.

1 **avoid**

I avoid buying the fruits. — 나는 그 과일들을 사는 것을 피한다.

I _____ — 나는 그 과일들을 먹는 것을 피한다.

2 **enjoy**

I _____ — 나는 그녀와 이야기하는 것을 즐긴다.

I _____ — 나는 그녀와 요리하는 것을 즐긴다.

3 **call**

He _____ — 그는 내 친구에게 전화하는 것을 시도했다.

He _____ — 그는 내 친구에게 전화하기 위해 노력했다.

4 **take**

_____ last night. — 나는 어젯밤 이 약을 먹었던 것을 기억한다.

_____ tonight. — 오늘 밤 이 약을 먹을 것을 기억해라.

5 **ask**

She _____ — 그녀는 그 질문을 할 것을 잊어버렸다.

She _____ — 그녀는 그 질문을 했던 것을 잊어버렸다.

6 **do**

I _____ — 나는 내 학교 공부하는 데 어려움을 겪었다.

I _____ — 나는 내 학교 공부하느라 바빴다.

7 **ride**

_____ my motorcycle. — 나는 내 오토바이를 타고 싶다.

_____ my motorcycle? — 내 오토바이를 타는 게 어때?

수행평가 SENTENCE WRITING

■ 다음 대화를 보고 우리말에 맞게 문장을 쓰시오.

A: Oh! ① 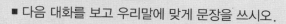 나는 내 방 청소할 것을 잊어버렸어.

B: I'll help you. I'll pick up the trash.
② (너는) 그 바닥을 쓰는 게 어때 (sweep, the floor)? 다음에는 ③ 네 방 청소할 것을 기억해.

① I forgot to clean my room.

②  _____

③ _____ , next time.

Grammar Point 기초 목적어 자리에 오는 동명사와 to부정사, 동명사의 관용표현

■ 다음 동사들을 사용하여 빈칸에 알맞게 쓰시오.

buy	remember **buying** headphones	헤드폰을 샀던 것을 기억한다
	remember ____ headphones	헤드폰을 살 것을 기억한다
jog	I ____	나는 조깅하고 싶다.
	I ____	나는 조깅하느라 바쁘다.

→ 동명사와 to부정사는 동사의 목적어로 쓰인다. 또한, 관용적으로 동명사를 사용하는 표현들이 있다.

Grammar for Writing 문장 쓰기

■ 주어진 단어들을 활용하여 우리말에 맞도록 빈칸에 알맞게 쓰시오.

1 그녀는 그 질문을 할 것을 잊어버렸다. **ask** → She forgot to ask the question.

2 오늘 밤 이 약을 먹을 것을 기억해라. **take** → ____ this medicine tonight.

3 나는 내 스스로를 자제하기 위해 노력했다. **control** → ____ myself.

4 나는 내 친구에게 전화하기 위해 노력했다. **call** → ____ my friend.

5 그는 그 휴대전화를 사용하는 것을 시도했다. **use** → ____ the cellphone.

6 내일 우산을 가져올 것을 잊지 말아라. **bring** → ____ your umbrella tomorrow.

7 그녀는 그 영화를 보고 싶다. **watch** → ____ the film.

8 그들은 그 서비스를 제공하는 데 어려움을 겪었다. **provide** → ____ the service.

9 어두운 색의 옷을 입는 게 어때? **wear** → ____ dark clothes?

10 나는 새 신발을 사기 위해 쇼핑하러 갔다. **shop** → ____ to buy new shoes.

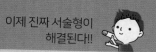

Grammar for 서술형 기본·심화 문제 풀기

A 기본 주어진 단어들을 활용하여 문장을 완성하시오.

보기

post

accept

turn off

go fish

ride

clean

1 Janet | forgot turning off the light.

Janet은 불을 껐던 것을 잊었다.

2 We |

우리는 그 편지들을 부치는 데 어려움을 겪었다(**have difficulty**).

3 |

그 방을 지금 청소하는 게 어때(**how about**)?

4 |

그 제안을 받아들이는 게 어때(**what about**)?

5 She |

그녀는 오토바이를 타는 데 어려움을 겪었다(**have trouble**).

6 We |

우리는 매주 일요일마다 낚시하러 간다.

B 심화 우리말에 맞도록 문장을 완성하시오.

1 그는 그녀와 운동하는 것을 포기했다.　→ | He gave up exercising with her.

그는 그녀와 운동하는 것을 계획했다.　→ |

2 나는 그 사진을 가지고 오는 것을 꺼렸다.　→ |

나는 그 사진을 가지고 올 것을 약속했다.　→ |

3 나는 그 문을 여는 것을 시도했다.　→ |

나는 그 문을 열기 위해 노력했다.　→ |

4 Layla는 그녀의 방을 꾸미고 싶다.　→ |

Layla는 그녀의 방을 꾸미느라 바쁘다.　→ |

저 깨진 창문을 봐라.

Look at that ❶ broken window.

Check❶ 분사는 동사를 보다 다양한 의미와 품사로 쓰기 위해 변형한 것으로, **명사 수식** 또는 **주격보어**, **목적격 보어**로도 쓰인다.

Check❷ 분사는 **의미**에 따라 동사의 모양을 변형하여 **현재분사**나 **과거분사**가 된다.

➡ 진행이나 능동을 나타내는 현재분사

| Look at that | **falling** | leaves. | 저 떨어지고 있는 나뭇잎들을 봐라. |

| Look at that | **fallen** | leaves. | 저 떨어진 나뭇잎들을 봐라. |

➡ 완료나 수동을 나타내는 과거분사

현재분사와 과거분사

➡ 현재분사는 동사원형에 -ing를 붙이고, 과거분사는 -ed 또는 불규칙 과거분사형으로 쓴다.

명사 수식			**boring** stories		현재분사: 지루한
			bored students		과거분사: 지루해진
보어로 쓰임	You	look		**bored.**	주격 보어	너는 지루해 보인다. ➡ 주어 you가 지루한 상태
	You	are		**cooking.**		너는 요리하고 있다. ➡ 주어 you가 요리하는 행위
	I	heard	my name	**called.**	목적격 보어	내 이름이 불리는 것을 ➡ 목적어 my name이 불리는 상태
	I	saw	the boy	**sleeping.**		그 소년이 자고 있는 것을 ➡ 목적어 the boy가 자는 행위

* 분사는 명사를 수식할 때와 목적격 보어로 쓰일 때, 그 해석이 다르다. I saw the sleeping boy. 자고 있는 그 소년 (명사 수식)

💬 Grammar 비교하며 익히기 ▪ 우리말에 맞게 고르시오.

1 steal

Look at that boy _stealing_ fruits. — 훔치고 있는 저 소년

I am looking for my _____ wallet. — 도난당한 내 지갑

2 satisfy

The result is _____ — 그 결과는 만족스럽다.

I am _____ with the result. — 나는 그 결과에 만족한다.

3 cook

My husband was _____ — 내 남편이 요리하고 있었다.

My dinner was _____ well. — 나의 저녁이 잘 요리되었다.

4 take

I saw my friend _____ a picture. — 내 친구가 찍고 있는 것을

I saw the picture _____ by my friend. — 그 사진이 찍힌 것을

5 clean

I saw the room _____ by the man. — 그 방이 청소된 것을

I saw them _____ the room. — 그들이 청소하고 있는 것을

Sentence 비교하며 써보기

우리말에 맞게 문장을 완성하시오.

1 빵을 굽고 있는 그 숙녀는 우리 엄마이다.

The lady baking bread   is my mom.

나는 구워진 빵을 찾고 있다.

I'm looking for _____

2 요리하고 있는 그 남자는 우리 아빠이다.

_____ is my dad.

지어진(요리된) 밥을 먹어라.

Eat _____

3 그 의자를 밀고 있는 그 소녀는 내 여동생이다.

The girl _____ is my sister.

함께 밀려진 저 의자들을 봐라.

Look at _____ together.

4 그는 편지를 쓰고 있었다.

He _____

그 편지는 이미 쓰여졌다.

The letter _____

5 그녀는 저녁을 만들고 있었다.

She _____

그 저녁은 그녀에 의해 만들어졌다.

The dinner _____

6 나는 그 의자가 옮겨진 것을 봤다.

I watched _____

나는 그 숙녀가 그 의자를 옮기고 있는 것을 봤다.

I watched _____

7 나는 그가 숫자들을 쓰고 있는 것을 봤다.

I saw _____

나는 그 숫자들이 그에 의해 쓰여진 것을 봤다.

I saw _____

수행평가 SENTENCE WRITING

■ 다음 단어들을 활용하여 우리말에 맞게 문장을 완성하시오.

fix   the bicycle

① The boy __fixing the bicycle is my brother.__
그 자전거를 수리하고 있는 그 소년은 내 남동생이다.

② I
_____
나는 그 자전거를 수리하고 있었다.

③ I _____ by him.
나는 내 자전거가 그에 의해 수리된 것을 봤다.

④ I
_____
나는 내 남동생이 그 자전거를 수리하고 있는 것을 봤다.

Unit 03 분사의 역할과 쓰임 서술형 총정리

Grammar Point 기초 현재분사와 과거분사, 명사수식과 보어로 쓰임

■ 주어진 단어들을 활용하여 우리말에 맞도록 빈칸에 알맞게 쓰시오.

fall	_____ falling _____ leaves	떨어지고 있는 나뭇잎들
	_____ leaves	떨어진 나뭇잎들
bore	The stories are _____	그 이야기들은 지루하다.
	You look _____	너는 지루해 보인다.

→ -ing형태의 현재분사와
-ed형태의 과거분사가
명사를 수식하거나 주격 또는
목적격 보어로 쓰인다.

Grammar for Writing 문장 쓰기

■ 주어진 단어들을 활용하여 우리말에 맞도록 빈칸에 알맞게 쓰시오.

1 나는 도난 당한 내 지갑을 찾고 있다.　**steal**　→ I am looking for　my stolen wallet.

2 나는 수영하고 있는 그 돌고래를 봤다.　**swim**　→ I saw

3 이것은 우리 아빠에 의해 구워진 그 빵이다.　**bake**　→ This is

4 나는 그들이 뛰고 있는 것을 봤다.　**jump**　→ I saw

5 저 노래하고 있는 소년을 봐라.　**sing**　→ Look at

6 이어지는 질문에 귀를 기울여라.　**follow**　→ Listen to

7 나는 Min에 의해 쓰여진 그 편지를 받았다.　**write**　→ I received the letter

8 너는 저녁을 만들고 있는 중이다.　**make**　→ You are

9 나는 그 아이들이 울고 있는 것을 들었다.　**cry**　→ I heard

10 우리 할아버지는 낚시하고 있는 중이다.　**fish**　→ My grandfather

Grammar for 서술형 기본·심화 문제 풀기

A 기본　주어진 단어들을 배열하여 문장을 완성하시오.

1 clown, the dancing, likes, my daughter	→ My daughter likes the dancing clown. 내 딸은 춤추고 있는 그 광대를 좋아한다.
2 kangaroo, that jumping, look at	→ 저 뛰고 있는 캥거루를 봐라.
3 the boiled, eat, eggs	→ 삶아진 그 계란을 먹어라.
4 saw, I, rabbit, the running	→ 나는 달리고 있는 그 토끼를 봤다.
5 the students, heard, screaming, I	→ 나는 그 학생들이 소리지르고 있는 것을 들었다.

B 심화　주어진 단어들을 배열하고 우리말을 쓰시오.

1 the eagle, they, flying, saw	영문장 →	They saw the eagle flying.
	우리말 →	그들은 그 독수리가 날아가고 있는 것을 봤다.
2 is, phone, mine, the ringing,	영문장 →	
	우리말 →	
3 riding, I, a fixed, am, bicycle	영문장 →	
	우리말 →	
4 he, a letter, writing, is	영문장 →	
	우리말 →	
5 that printed, look at, paper	영문장 →	
	우리말 →	

네 이야기는 혼란스럽다.

Your story is confusing.

Check❶ 현재분사와 과거분사는 **감정의 유발**이나 **상태**를 나타낼 때 쓰인다.

Check❷ 주어가 **감정을 유발**하는 경우 현재분사를, 주어의 **감정 상태**를 뜻하는 경우 **과거분사**를 쓴다.

Your story	is	boring.

네 이야기는 **지루하다**.

You	are	bored.
❷

너는 지루하다(**지루하게 느낀다**).

현재분사와 과거분사
→ 주어와 분사와의 관계에서 보통 주어가 사물이면 현재분사를, 주어가 사람이면 과거분사를 쓰기도 한다.

[현재분사] 감정 유발 ~을 느끼게 만드는	confusing, boring, satisfying, shocking, surprising, pleasing, exciting, touching, disappointing, amazing
[과거분사] 감정 상태 ~을 느끼는	confused, bored, satisfied, shocked, surprised, pleased, excited, touched, disappointed, amazed
[분사구문]	분사구문은 분사를 사용하여 접속사가 포함된 부사절을 부사구로 바꾼 것이다. ⓐ 접속사(When)와, 주절과 같은 주어인 부사절의 주어(I)를 생략할 수 있다. ⓑ 부사절의 동사를 -ing 형태로 바꾼다. ~~When I~~ watched TV, I fell asleep. → **Watching** TV, I fell asleep. TV를 볼 때, 나는 잠이 들었다.

→ 생략된 접속사를 문맥에 맞게 해석한다.

✅ Grammar 비교하며 익히기 • 우리말에 맞게 고르시오.

1 나는 혼란스러웠다.

I was confusing / (confused) .

그 신호는 혼란스러웠다.

The sign was confusing / confused .

2 그 축구 경기는 재미있었다.

The soccer match was exciting / excited .

우리는 재미있었다.

We were exciting / excited .

3 그녀는 감동받았다.

She was touching / touched .

그 영화는 감동적이었다.

The movie was touching / touched .

4 그 행사는 만족스러웠다.

The event was satisfying / satisfied .

그들은 만족했다.

They were satisfying / satisfied .

5 나는 매우 지루했다.

I was very boring / bored .

그 연설은 매우 지루했다.

The speech was very boring / bored .

6 그 소식은 놀라웠다.

The news was surprising / surprised .

나는 놀랐다.

I was surprising / surprised .

Sentence 비교하며 써보기

✎ 다음 동사들을 활용하여 우리말에 맞게 문장을 완성하시오.

1 shock

Your story | was shocking.
네 이야기는 충격적이었다.

You |
너는 충격을 받았다.

2 satisfy

|
우리는 만족했다.

|
그 서비스는 만족스러웠다.

3 confuse

|
그녀는 혼란스러웠다.

|
그 질문은 혼란스러웠다.

4 touch

|
나는 감동을 받았다.

|
그 책은 감동적이었다.

5 clean

When I cleaned my room, I found a pen.

→ |
내 방을 청소했을 때, 나는 펜 하나를 찾았다.

6 ride

As I rode a bike, I felt the fresh air.

→ |
자전거를 타면서, 나는 신선한 공기를 느꼈다.

7 call

As she called my name, she smiled at me.

→ |
내 이름을 부르면서, 그녀는 내게 웃어주었다.

수행평가 SENTENCE WRITING

■ 다음 주어진 단어들을 활용하여 문장을 쓰시오. [조건] 반드시 분사를 사용할 것.

 **satisfy**

 **excite**

① __The presents were satisfying.__
그 선물들은 만족스러웠다.

③ _____
그 게임은 재미있었다.

② _____
그들은 만족했다.

④ _____
그는 재미있어 했다.

Grammar Point 기초 현재분사(감정 유발)와 과거분사(감정 상태), 분사구문

■ 주어진 단어들을 활용하여 우리말에 맞도록 빈칸에 알맞게 쓰시오.

satisfy	Your story is _____	네 이야기는 만족스럽다.
	You are _____	너는 만족한다.
watch	When I watched TV, I fell asleep. → _____ TV, I fell asleep.	TV를 볼 때, 나는 잠이 들었다.

→ 감정분사는 감정을 유발하는지 느끼는지에 따라 현재분사와 과거분사가 구별된다. 부사절을 간소화한 분사구문을 이해한다.

Grammar for Writing 문장 쓰기

■ 주어진 단어들을 활용하여 우리말에 맞도록 빈칸에 알맞게 쓰시오.

1 나는 혼란스러웠다.　　　　　　confuse　→ I was confused.

2 그 축구 경기는 재미있었다.　　　excite　→ The soccer match _____

3 그 영화는 감동적이었다.　　　　touch　→ The movie _____

4 그녀는 실망했다.　　　　　　　disappoint → She _____

5 그 행사는 만족스러웠다.　　　　satisfy　→ The event _____

6 TV를 보면서, 나는 잠이 들었다. (분사구문)　watch　→ _____ fell asleep.

7 팝송을 부르면서, 그녀는 매일 조깅을 한다. (분사구문)　sing　→ _____ jogs every day.

8 그의 아이를 기다리면서, 그는 집에 있었다. (분사구문)　wait for　→ _____ was at home.

9 내 차를 운전하면서, 나는 항상 노래를 듣는다. (분사구문) drive　→ _____ always listen to music.

10 물을 마시면서, 나는 전화 통화를 했다. (분사구문)　drink　→ _____ talked on the phone.

Grammar for 서술형 기본·심화 문제 풀기

A 기본　우리말에 맞게 다음 문장에서 틀린 부분을 찾고 문장을 다시 쓰시오.

1	Look at the breaking picture frame.	→	Look at the broken picture frame.
			그 깨진 사진 액자를 봐라.
2	You look tiring.	→	
			너는 피곤해 보인다.
3	Called my name, she smiled at me.	→	
			내 이름을 부르면서, 그녀는 내게 웃어주었다. (분사구문)
4	Clean my room, I found a pen.	→	
			내 방을 청소할 때, 나는 펜 하나를 찾았다. (분사구문)
5	I rode a bike, I felt the fresh air.	→	
			자전거를 타면서, 나는 신선한 공기를 느꼈다. (분사구문)
6	Walked along the street, we saw her.	→	
			길을 걸어가면서, 우리는 그녀를 봤다. (분사구문)
7	The TV show was bored.	→	
			그 TV쇼는 지루했다.

B 심화　분사구문에서 틀린 부분을 모두 찾아 우리말에 맞게 고치시오.

When I came home, I did many things.　내가 집에 왔을 때, 나는 많은 것들을 했어.

Change my clothes, I listened to the radio.　옷을 갈아 입으면서, 나는 라디오를 들었어.

Eat ice cream, I watched TV.　아이스크림을 먹으면서, 나는 TV를 봤어.

1	
2	

Part6에 나오는 문장 정리

1. 내 취미는 시를 쓰는 것이다.

→ My hobby _____.

2. 나는 그 문을 열어 보는 것을 시도 했다.

→ I _____.

3. 불을 끌 것을 잊지 말아라.

→ Don't forget _____

_____.

4. 오늘 밤 이 약을 먹을 것을 기억 해라.

→ Remember _____

_____.

5. 그는 편지를 쓰고 있었다.

→ He _____.

6. 나는 그 숫자들이 그에 의해 쓰 여지는 것을 봤다.

→ I saw _____

_____ by him.

7. 그 소식은 놀라웠다. (surprise)

= The news _____

_____.

8. 나는 놀랐다. (surprise)

= I _____.

---

1. 동명사의 역할과 활용

동명사는 **동사원형**에 **-ing**를 붙여 만든 명사로 '~하는 것, ~하기'라고 해석한다.

playing 하는 것	주어	**Playing** tennis is interesting.	테니스를 하는 것은
	보어	My hobby is **playing** tennis.	테니스를 하는 것이다
	동사의 목적어	I enjoy **playing** tennis.	테니스를 하는 것을
	전치사의 목적어	I am good at **playing** tennis.	테니스를 하는 것을

[동명사와 to부정사를 모두 취하는 동사] like, love, hate, begin, start
[동명사를 취하는 동사] enjoy, finish, mind, avoid, stop, keep, practice, give up
[to부정사를 취하는 동사] want, need, decide, hope, learn, plan, promise, wish, would like
[동명사와 to부정사를 둘 다 목적어로 취하되, 의미가 달라지는 동사]

remember +, forget +		try +	
동명사 [과거] ~한 것을	to부정사 [미래] ~할 것을	동명사 [시도] (한 번) ~해 보는 것을	to부정사 [노력] ~하는 것을 (~하기 위해 노력하다)

문제로 정리

① I enjoyed / wanted playing the piano.　　나는 피아노 연주하는 것을 즐겼다.

② I practiced / hoped playing the piano.　　나는 피아노 연주하는 것을 연습했다.

---

2. 분사의 역할과 감정분사

분사는 동사의 형태를 진행, 능동의 **현재분사(동사원형 + -ing)**나 완료, 수동의 **과거분사(-ed 또는 불규칙 과거분사 형)**로 변형한 것이다.

분사의 역할	명사 수식	**boring** stories (현재분사)	**bored** students (과거분사)
	보어로 쓰임	You look **bored**. (주어 상태 설명)	You are **cooking**. (주어 행위 설명)
		I heard my name **called**. (목적어 상태 설명)	I saw the boy **sleeping**. (목적어 행위 설명)

주어가 감정을 유발하는 경우 현재분사를, 주어가 감정의 상태일 경우 과거분사를 쓴다.

현재분사 ~을 느끼게 만드는	confus**ing**, bor**ing**, satisfy**ing**, shock**ing**, surpris**ing**, pleas**ing**, excit**ing**, touch**ing**, disappoint**ing**, amaz**ing**
과거분사 ~을 느끼는	confus**ed**, bor**ed**, satisfi**ed**, shock**ed**, surpris**ed**, pleas**ed**, excit**ed**, touch**ed**, disappoint**ed**, amaz**ed**

문제로 정리

③ Look at that boy stealing / stolen fruits.　　과일을 훔치고 있는 저 소년을 봐라.

④ I am looking for my stealing / stolen wallet.　나는 도난 당한 내 지갑을 찾고 있는 중이다.

문제로 정리   enjoyed   practiced   stealing ④ stolen

 1. My hobby is writing poems.　2. I tried opening the door.　3. Don't forget to turn off the light.　4. Remember to take this medicine tonight.　5. He was writing a letter.　6. I saw the numbers written by him.　7. The news was surprising.　8. I was surprised.

서술형, 수행 평가를 위한 조언

형용사와 부사의 용법과 역할을 살펴보고, 형용사와 부사의 원급이나 비교급, 최상급을 활용하여 대상을 비교하거나 최상의 의미를 표현하는 문장을 정확히 쓰는 연습을 한다.

서술형 수행평가 **완벽 대비**

PART 7

비교급과 최상급

구성과 교과서 연계

Unit 1	형용사와 부사	천재(이) 1과, 비상(이) 5과
Unit 2	비교급 표현	천재(김) 3과, 두산(이) 9과
Unit 3	최상급 표현	두산(김) 7과, 천재(이) 9과
문법 마무리		

✔ 중학 문법이 쓰기다 연계

Part 8 형용사와 부사

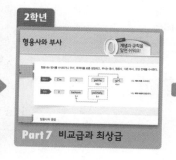

Part 7 비교급과 최상급

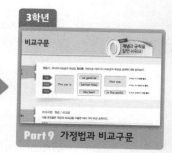

Part 9 가정법과 비교구문

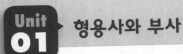

Unit 01 형용사와 부사

그는 나를 매우 행복하게 만든다.

He makes me **very** ❷ **happy.** ❶

Check ❶ 형용사는 명사를 수식하거나 주어, 목적어를 보충 설명한다.
Check ❷ 부사는 동사, 형용사, 다른 부사나 문장 전체를 수식한다.

명사 a girl을 수식하는 형용사 polite

I'm	a	polite	girl.

나는 예의 바른 소녀이다.

I	behave	politely.

나는 예의 바르게 행동한다.

동사 behave를 수식하는 부사 politely

형용사와 부사

→ 형용사와 부사의 형태가 같은 단어가 있다. 그 뜻이 그 단어에 -ly를 붙여 만든 부사의 뜻과 달라질 수 있다.

형용사의 용법	한정적 용법: 명사 앞/뒤에서 수식	the information **important** for you	
	서술적 용법: 주어나 목적어를 보충 설명	He is **happy.** → 주격보어로 주어를 설명	He makes me **happy.** → 목적격 보어로 목적어를 설명
부사의 역할	동사 수식	I touched this **softly.**	다른 부사 수식 · I sleep **very** early.
	형용사 수식	I'm **really** upset.	문장 전체 수식 · **Sadly,** I failed the test.
형용사와 부사	late 형 늦은 / 부 늦게	hard 형 열심인 / 부 열심히	high 형 높은 / 부 높이
	lately 부 최근에	hardly 부 거의 ~ 않다	highly 부 매우

💬 Grammar 비교하며 익히기 ▪ 다음 단어들을 활용하여 우리말에 맞게 쓰시오.

1 urgent

She made the [urgent] call.
그녀는 **긴급한** 전화를 했다.

She made the call [   ]
그녀는 전화를 **긴급하게** 했다.

2 loud

I heard the [   ] scream.
나는 **시끄러운** 비명을 들었다.

I heard them scream [   ]
나는 그들이 **시끄럽게** 비명 지르는 것을 들었다.

3 hard

They exercise [   ]
그들은 **열심히** 운동한다.

They [   ] exercise.
그들은 **거의** 운동하지 **않는다**.

4 late

[   ], it's freezing.
최근에 날씨가 춥다.

Snow fell [   ] at night.
눈이 밤 **늦게** 내렸다.

5 high

Her test score is [   ]
그녀의 시험 점수는 **높다**.

The hot pot is [   ] dangerous.
그 뜨거운 냄비는 **매우** 위험하다.

Sentence 비교하며 써보기

✎ 주어진 단어들을 활용하여 우리말에 맞게 문장을 완성하시오.

1 **comfortable**

The bed | is comfortable. | 그 침대는 편안하다.
Lie | | 그 침대에 편안하게 누워라.

2 **simple**

It explains | | 그것은 문법을 간단하게 설명한다.
It explains | | 그것은 간단한 문법을 설명한다.

3 **smooth**

He | | 그는 매끄럽게 움직였다.
He showed | | 그는 매끄러운 움직임을 보여주었다.

4 **late**

The train | | 그 기차가 늦었다.
The bookstore | | 그 서점은 늦게 열었다.
It's | | 날씨가 최근에 덥다.

5 **hard**

She | | 그녀는 열심히 일한다.
I am | | 나는 열심히 일하는 사람(열심인 일꾼)이다.
I | | 나는 거의 울지 않는다.

6 **high**

Look at | | 저 높은 산을 봐라.
I can | | 나는 높이 점프할 수 있다.
She is | | 그녀는 매우 똑똑하다.

수행평가 SENTENCE WRITING

■ 주어진 단어들을 활용하여 우리말에 맞게 문장을 쓰시오.

hard
late

① He plays computer games late at night.
그는 밤 늦게 컴퓨터 게임을 한다.

② _____
그는 거의 컴퓨터 게임을 하지 않는다.

③ _____
최근에 그는 컴퓨터 게임을 너무 많이 한다.

Grammar Point 기초 형용사와 부사

■ 주어진 단어들을 활용하여 우리말에 맞도록 빈칸에 알맞게 쓰시오.

polite	I'm a ___polite___ girl.	나는 예의 바른 소녀이다.
	I behave _____	나는 예의 바르게 행동한다.
late	I was _____ for school.	나는 학교에 늦었다.
	It's cold _____	최근에 날씨가 춥다.

→ 형용사는 명사를 수식하거나, 주어 또는 목적어를 보충 설명한다.
부사는 동사, 형용사, 다른 부사나 문장 전체를 수식한다.

Grammar for Writing 문장 쓰기

■ 주어진 단어들을 활용하여 우리말에 맞도록 빈칸에 알맞게 쓰시오.

1 그녀는 쉽게 화가 난다. upset, easy → She becomes _upset easily._

2 그 영화는 나를 슬프게 만든다. sad → The movie makes _____

3 나는 이상한 사람을 봤다. strange → I saw _____

4 나는 네게 진심으로 사과했다. true → I _____ to you.

5 여름에는 비가 많이 온다. heavy → It _____ in summer.

6 갑자기, 그녀는 집을 나갔다. sudden → _____ home.

7 그 서점은 늦게 열었다. late → The bookstore _____

8 나는 거의 컴퓨터 게임을 하지 않는다. hard → I _____

9 내 남동생이 학교에 늦었다. late → My brother _____

10 그녀는 열심히 일한다. hard → She _____

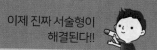

Grammar for 서술형 기본·심화 문제 풀기

A 기본 주어진 단어들을 (중복) 활용하여 문장을 완성하시오.

보기

late

simple

hard

high

comfortable

1 It   explains grammar simply.

그것은 문법을 간단하게 설명한다.

2 The bed

그 침대는 편안하다.

3 The hot pot

그 뜨거운 냄비는 매우 위험하다.

4 She

그녀는 주말에 거의 공부하지 않는다.

5 She

그녀는 어제 늦게 잠자리에 들었다.

6 Snow

눈이 밤 늦게 내렸다.

B 심화 우리말에 맞도록 문장을 쓰시오.

1 그녀는 긴급한 전화를 했다.   →   She made the urgent call.

그녀는 전화를 긴급하게 했다.   →

2 그는 매끄럽게 움직였다.   →

그는 매끄러운 움직임을 보여주었다.   →

3 나는 시끄러운 비명을 들었다.   →

나는 그들이 시끄럽게 비명 지르는 것을 들었다.   →

4 그들은 매일 열심히 운동한다.   →

그들은 거의 운동하지 않는다.   →

문법이 쓰기다 서술형

그녀는 Layla보다 더 부지런하다.

She is | more diligent than | Layla.

Check ❶ [비교급 + than]을 이용하여 두 대상을 비교하는 표현을 만들 수 있다.

Check ❷ as와 원급을 이용하여 두 대상을 비교하는 비교급 문장을 만들 수 있다.

↪ [형용사/부사 비교급 + than]: ~보다 …한

She is | more beautiful than | my mom.   그녀는 우리 엄마**보다** 더 아름답다.

She is | as beautiful as | my mom.   그녀는 우리 엄마**만큼** 아름답다.

↪ [as + 형용사/부사 원급 + as]: ~만큼 …한

→ 비교급 앞에 much, far, a lot 등을 붙여 '훨씬 더 ~ 한' 뜻으로 비교급을 강조

비교급, 원급을 이용한 비교급 표현 → 형태나 성격이 같은 두 가지 대상을 비교한다.	비교급 이용	He is	형용사/부사 비교급 + than more famous than	Min.	그는 Min보다 더 유명하다.
	원급 이용		as + 형용사/부사 원급 + as as famous as		그는 Min만큼 유명하다.
			not + as/so + 형용사/부사 원급 + as not as/so famous as		그는 Min만큼 유명하지 않다.

* 원급을 이용한 비교급 표현에서, 동사가 be동사이면 as/so와 as 사이에 형용사를, 일반동사이면 부사를 쓴다.

💬 Grammar 비교하며 익히기 ▪ 우리말에 맞게 고르시오.

1 네 점수는 안 좋다.

Your score is (bad) / worse .

네 점수는 내 것보다 더 안 좋다.

Your score is bad / worse than mine.

2 내 가방은 가볍다.

My bag is light / lighter .

내 가방은 네 것보다 훨씬 더 가볍다.

My bag is much light / lighter than yours.

3 나는 노래를 잘 부른다.

I sing as well as / well .

나는 비틀즈만큼 노래를 잘 부른다.

I sing as well as / well the Beatles.

4 그 여배우는 귀엽지 않다.

The actress is not so cute as / cute .

그 여배우는 Jane만큼 귀엽지 않다.

The actress is not so cute as / cute Jane.

5 오늘은 바쁘지 않다.

Today is not as busy as / busy .

오늘은 어제만큼 바쁘지 않다.

Today is not as busy as / busy yesterday.

Sentence 비교하며 써보기

✎ 주어진 단어들을 활용하여 우리말에 맞게 문장을 완성하시오.

1 scary

That movie	is scary.	저 영화는 무섭다.
That movie		저 영화는 이 이야기보다 더 무섭다.
That movie		저 영화는 이 이야기보다 훨씬(far) 더 무섭다.

2 deep

The sea		그 바다는 깊다.
The sea		그 바다는 그 연못보다 더 깊다.
The sea		그 바다는 그 연못보다 훨씬(much) 더 깊다.

3 expensive

My car		내 차는 비싸다.
My car		내 차는 네 것만큼 비싸다.
My car		내 차는 네 것만큼 비싸지 않다.

4 cheap

This dress		이 드레스는 (값이) 싸다.
This dress		이 드레스는 저 모자만큼 (값이) 싸다.
This dress		이 드레스는 저 모자만큼 (값이) 싸지 않다.

5 early

She		그녀는 일찍 일어난다.
She		그녀는 Bomi만큼 일찍 일어난다.
She		그녀는 Bomi만큼 일찍 일어나지 않는다.

수행평가 SENTENCE WRITING

■ 다음 표를 보고 주어진 조건에 맞게 두 사람을 비교하는 문장을 완성하시오.

Name	Height	Weight
Harry	172cm	65kg
Sam	172cm	70kg

① Height 비교, as, tall 사용

→ Harry is as tall as Sam.

② Weight 비교, heavy, than 사용

→ Sam _____

③ Weight 비교, so, heavy 사용

→ Harry _____

Grammar Point 기초 비교급과 원급을 이용한 비교급 표현

■ 주어진 말을 활용하여 우리말에 맞도록 빈칸에 알맞게 쓰시오.

more	She is	more beautiful than	Kate.	Kate보다 더 아름다운
	She is		Kate.	Kate보다 더 부지런한
as ~ as, not as/so ~ as	He is		Steve.	Steve만큼 유명한
	He is		Steve.	Steve만큼 유명하지 않은

➜ [비교급 + than]이나 [as/so + 원급 + as]을 이용해서 두 가지의 대상을 비교하는 비교문장을 만든다.

Grammar for Writing 문장 쓰기

■ 주어진 단어들을 활용하여 우리말에 맞도록 빈칸에 알맞게 쓰시오.

1 이 책은 저 책보다 더 유용하다.　　**useful**　→ This book is ⟨more useful than⟩ that one.

2 A 프로그램이 B 프로그램보다 더 도움이 된다.　　**helpful**　→ Program A is _____ B.

3 그 남자는 네 남자친구보다 훨씬 더 키가 크다.　　**much, tall**　→ The guy is _____ your boyfriend.

4 그는 Jim만큼 영어를 유창하게 말할 수 있다.　　**fluent**　→ He can speak English _____

5 그는 우리 엄마만큼 진지하다.　　**serious**　→ He is _____

6 그녀는 Mia만큼 일찍 일어난다.　　**early**　→ She wakes up _____

7 우리 할머니는 Peter만큼 건강하지 않다.　　**healthy**　→ My grandmother is _____

8 네 케이크는 내 것만큼 달지 않다.　　**sweet**　→ Your cake is _____

9 나는 James만큼 오토바이를 자주 타지 않는다.　　**often**　→ I don't ride a motorcycle _____

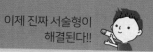

Grammar for 서술형 기본·심화 문제 풀기

A 기본　주어진 단어들을 활용하여 문장을 완성하시오.

보기

scary

deep

friendly

cheap

busy

comfortable

1 That movie [is scarier than this story.

저 영화는 이 이야기보다 더 무섭다.

2 The sea

그 바다는 그 연못보다 더 깊다.

3 This dress

이 드레스는 저 모자만큼 (값이) 싸다.

4 Today

오늘은 어제만큼 바쁘지 않다.

5 He

그는 우리 할아버지보다 훨씬(much) 더 상냥하다.

6 Your bed

네 침대는 내 것보다 훨씬(a lot) 더 편하다.

B 심화　우리말에 맞도록 문장을 쓰시오.

1 이 TV쇼는 그 책보다 더 재미있다.

이 TV쇼는 재미있다.

(interesting) → This TV show is more interesting than the book.

2 그녀는 창의적이다.

그녀는 Tom보다 훨씬(far) 더 창의적이다.

(creative) →

3 나는 빠르게 달릴 수 있다. (can)

나는 Anna만큼 빠르게 달릴 수 있다.

(fast) →

4 내 차는 비싸지 않다.

내 차는 네 것만큼 비싸지 않다.

(expensive) →

그것은 세계에서 가장 독특한 축제이다.

It is | **the most unique festival** | **in the world.**

Check❶ 최상급을 이용하여 '가장 ~한'이나 '가장 ~한 것들 중 하나'와 같은 최상급 표현을 나타낸다.
Check❷ 비교급을 이용하여 '다른 어느 …보다 더 ~한'의 최상급 표현을 나타낼 수 있다.

It is | **one of the most unique festivals** | **in the world.**

그것은 세계에서 가장 독특한 축제들 중 하나이다.

It is | **more unique than any other festival** | **in the world.**

그것은 세계에서 다른 어느 축제보다 더 독특하다.

＊ 부사구: 최상급의 의미를 한정
[in + 장소, 소속] ~(안)에서, [among/of + 복수명사] ~중에서

최상급 표현
→ 최상급과 비교급을 이용하여 최상의 의미를 나타낼수 있다.

		the + 최상급 (+ 단수명사)		가장 키가 큰 (학생)
최상급 이용	He is	the tallest (student)	in this class.	
		one of the + 최상급 + 복수명사		가장 키가 큰 학생들 중 한 명
		one of the tallest students		
비교급 이용		비교급 + than any other + 단수명사		다른 어느 학생보다 더 키가 큰
		taller than any other student		

Grammar 비교하며 익히기 · 우리말에 맞게 고르시오.

1 그녀는 호주에서 유명한 선수이다.
She is a (famous) / the most famous player in Australia.

그녀는 호주에서 가장 유명한 선수이다.
She is famous / the most famous player in Australia.

2 그는 이 학교에서 가장 강한 학생들 중 한 명이다.
He is strong student / one of the strongest students in this school.

그는 이 학교에서 강한 학생이다.
He is a strong student / one of the strongest students in this school.

3 서울은 세계에서 아름다운 도시이다.
Seoul is a beautiful city / one of the most beautiful cities in the world.

서울은 세계에서 가장 아름다운 도시들 중 하나이다.
Seoul is beautiful city / one of the most beautiful cities in the world.

4 그 가방은 내 방에서 다른 어느 가방보다 더 가볍다.
The bag is light / lighter than any other bag in my room.

그 가방은 가볍다.
The bag is light / lighter than any other bag.

Sentence 비교하며 써보기

✎ 우리말에 맞게 문장을 완성하시오.

1

This river is	narrow.		이 강은 좁다.
This river is		in Korea.	이 강은 한국에서 가장 좁다.
This river is		in Korea.	이 강은 한국에서 가장 좁은 강들 중 하나이다.
This river is		in Korea.	이 강은 한국에서 다른 어느 강보다 더 좁다.

2

The book is			그 책은 얇다.
The book is		in the library.	그 책은 그 도서관에서 가장 얇다.
The book is		in the library.	그 책은 그 도서관에서 가장 얇은 책들 중 하나이다.
The book is		in the library.	그 책은 그 도서관에서 다른 어느 책보다 더 얇다.

3

He is			그는 현명한 사람이다.
He is		among them.	그는 그들 중에서 가장 현명한 사람이다.
He is		among them.	그는 그들 중에서 가장 현명한 사람들 중 한 명이다.
He is		among them.	그는 그들 중에서 다른 어느 누구(사람)보다 더 현명하다.

4

This is			이것은 쉬운 문제이다.
This is		in this book.	이것은 이 책에서 가장 쉬운 문제이다.
This is		in this book.	이것은 이 책에서 가장 쉬운 문제들 중 하나이다.
This is		in this book.	이것은 이 책에서 다른 어느 문제보다 더 쉽다.

수행평가 SENTENCE WRITING

■ 다음 가격표를 보고 조건에 맞게 문장을 완성하시오.

Item	Price
Dress	50,000 won
Hat	25,000 won
T-shirt	50,000 won

① cheap 최상급
→ The hat is the cheapest item in the store.

② cheap 비교급
→ The hat

③ one of, expensive 최상급
→ The dress

Grammar Point 기초 최상급과 비교급을 이용한 최상급 표현

- 주어진 단어를 활용하여 우리말에 맞도록 빈칸에 알맞게 쓰시오.

unique	the _unique_ festival	독특한 축제
	_____ festival	가장 독특한 축제
	_____ festivals	가장 독특한 축제들 중 하나
	_____ festival	다른 어느 축제보다 더 독특한

→ 최상급과 비교급을 이용해서 최상급 표현을 만들 수 있다.

Grammar for Writing 문장 쓰기

■ 주어진 단어들을 활용하여 우리말에 맞도록 빈칸에 알맞게 쓰시오.

1 그녀는 호주에서 가장 유명한 선수이다. **famous** → She is _the most famous player_ in Australia.

2 나는 여기 사람들 중에서 가장 키가 크다. **tall** → I'm _____ among the people here.

3 그는 이 학교에서 가장 힘이 센 학생들 중 한 명이다. **strong** → He is _____ in this school.

4 서울은 세계에서 가장 아름다운 도시들 중 하나이다. **beautiful** → Seoul is _____ in the world.

5 그 드레스는 그 가게에서 가장 값비싼 물건들 중 하나이다. **expensive** → The dress is _____ in the store.

6 다이아몬드는 세계에서 다른 어느 보석보다 더 강하다. **strong** → A diamond is _____ in the world.

7 이 강은 한국에서 다른 어느 강보다 더 좁다. **narrow** → This river is _____ in Korea.

8 그 책은 그 도서관에서 다른 어느 책보다 더 얇다. **thin** → The book is _____ in the library.

9 그 가방은 내 방에서 다른 어느 가방보다 더 가볍다. **light** → The bag is _____ in my room.

Grammar for 서술형 기본·심화 문제 풀기

A 기본 우리말에 맞게 다음 문장에서 틀린 부분을 찾고 문장을 다시 쓰시오.

1 Pizza is the more delicious food in this restaurant.
→ Pizza is the most delicious food in this restaurant.
피자는 이 식당에서 가장 맛있는 음식이다.

2 She is best than any other figure skater in Korea.
→
그녀는 한국에서 다른 어느 피겨 스케이팅 선수보다 더 훌륭하다.

3 I'm rich than any other person in Japan.
→
나는 일본에서 다른 어느 누구(사람)보다 더 부자이다.

4 He is one of the funnier comedians in Korea.
→
그는 한국에서 가장 웃긴 코미디언들 중 한 명이다.

5 Summer is the hot of the four seasons.
→
여름은 사계절 중 가장 덥다.

6 She is one of the more popular singers in Canada.
→
그녀는 캐나다에서 가장 유명한 가수들 중 한 명이다.

7 It is long than any other river in this town.
→
그것은 이 마을에서 다른 어느 강보다 더 길다.

B 심화 우리말에 맞게 다음에서 틀린 부분을 모두 찾아 고치시오.

There are many great musicians and novelists. 많은 훌륭한 음악가들과 소설가들이 있다.

Mozart was one of the greater musicians in the world. 모차르트는 세계에서 가장 훌륭한 음악가들 중 한 명이었다.

Tolstoy is most famous than any other novelist in the world. 톨스토이는 세계에서 다른 어느 소설가보다 더 유명하다.

1

2

교과서 **문법 마무리**   개념 정리 ➕ 문장 정리 ➕ 문제 유형

1. 그 기차가 늦었다.

→ The train _____.

2. 그 서점은 늦게 열었다.

→ The bookstore _____.

3. 날씨가 최근에 덥다.

→ It's _____.

1. 형용사와 부사

형용사는 명사를 수식하거나 주어, 목적어를 보충 설명하고, **부사**는 동사, 형용사, 다른 부사나 문장 전체를 수식한다.

형용사의 용법	한정적 용법: 명사 앞/뒤에서 수식	the information **important** for you		
	서술적 용법: 주어, 목적어를 보충설명	He is **sad**. (주격 보어: 주어 설명)		He makes me **sad**. (목적격 보어: 목적어 설명)
부사의 역할	동사 수식	I touched this **softly**.	다른 부사 수식	I sleep **very** early.
	형용사 수식	I'm really **upset**.	문장 전체 수식	**Sadly**, I failed the test.

형용사와 부사의 형태가 **같은 단어**가 있다. **그 뜻이** 그 단어에 **-ly**를 붙여 만든 **부사의 뜻**과 달라질 수 있다.

late	형 늦은 / 부 늦게	hard	형 열심인 / 부 열심히	high	형 높은 / 부 높이
lately	부 최근에	hardly	부 거의 ~ 않다	highly	부 매우

문제로 정리

① She made the urgent / urgently call.   그녀는 긴급한 전화를 했다.

② She made the call urgent / urgently .   그녀는 전화를 긴급하게 했다.

4. 네 점수는 내 것보다 더 안 좋다.

→ Your score _____.

5. 그녀는 호주에서 가장 유명한 선수이다.

→ She is _____
_____ in Australia.

6. 그는 이 학교에서 가장 강한 학생들 중 한 명이다.

→ He _____
_____ in this school.

2. 비교급 표현

[비교급 + **than**]이나, **as**와 원급을 이용해서 두 대상을 비교하는 표현을 만든다.

비교급 이용	A is	형용사/부사 비교급 + than	B.	A는 B보다 더 ~하다.
원급 이용		as + 형용사/부사 원급 + as		A는 B만큼 ~하다.
		not + as/so + 형용사/부사 원급 + as		A는 B만큼 ~하지 않다.

3. 최상급 표현

최상급이나 **비교급**을 이용하여 최상급 표현을 나타낼 수 있다.

최상급 이용	the + 최상급 (+ 단수명사)	가장 ~한
	one of the + 최상급 + 복수명사	가장 ~한 …들 중 하나
비교급 이용	비교급 + than any other + 단수명사	다른 어느 …보다 더 ~한

문제로 정리

③ This dress is cheap / as cheap as   that hat.   이 드레스는 저 모자만큼 싸다.

④ Seoul is the most beautiful city / one of the most beautiful cities   in the world.
서울은 세계에서 가장 아름다운 도시들 중 하나이다.

문제로 정리 ① urgent ② urgently ③ as cheap as ④ one of the most beautiful cities

문장 정리 1. The train was late. 2. The bookstore opened late. 3. It's hot lately. 4. Your score is worse than mine. 5. She is the most famous player in Australia. 6. He is one of the strongest students in this school.

서술형 수행평가 완벽 대비

PART 8
관계사

구성과 교과서 연계

✅ 중학 문법이 쓰기다 연계

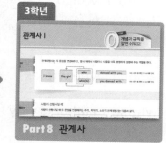

관계대명사 주격과 소유격

나는 큰 눈을 가진 그 곰 인형을 좋아한다.

I like ❷ the teddy bear ❶ which has big eyes.

Check❶ 관계대명사는 두 문장에서 중복되는 단어를 없애고 **한 문장으로 연결**한다.
Check❷ 선행사에 따라 필요한 관계대명사가 달라진다.

↪ 주격 관계대명사: 관계대명사가 관계대명사절에서 주어 역할

I met a man **who** was a painter. 나는 화가였던 한 남자를 만났다.

I met a man **whose** son was a painter. 나는 아들이 화가였던 한 남자를 만났다.

↪ 소유격 관계대명사: 관계대명사가 관계대명사절에서 소유격 역할

선행사			
→ 선행사는 관계대명사 앞의 명사로, **관계대명사가 이끄는 절이 이를 수식**한다.	관계대명사 주격	선행사가 사람 → who, that	There are many people. + ~~Many people~~ want to see her.
		선행사가 사물, 동물 → which, that	→ There are many people **who** want to see her. 선행사 그녀를 보기 원하는 많은 사람들이 있다.
	관계대명사 소유격	선행사에 관계 없이 주로 → whose	I know the boy. + ~~His~~ dad is very tall. → I know the boy **whose** dad is very tall. 선행사 나는 아버지의 키가 매우 큰 그 소년을 알고 있다.

* that은 주격과 목적격(Unit 2)에서 선행사나 관계대명사의 역할에 관계 없이 언제든 사용할 수 있다.

✅ Grammar 비교하며 익히기 • 우리말에 맞게 고르시오.

1 There are students (who) / which are from Spain. 스페인에서 온 학생들이 있다.

There are cows who / which are from Spain. 스페인에서 온 소들이 있다.

2 I read a story about a bear who / which came for food. 나는 음식 때문에 왔던 한 곰에 대한 이야기를 읽었다.

I read a story about a man who / which came for gold. 나는 금 때문에 왔던 한 남자에 대한 이야기를 읽었다.

3 I like the novel which / whose you wrote. 나는 네가 쓴 그 소설을 좋아한다.

I like the novel which / whose author is very famous. 나는 저자가 매우 유명한 그 소설을 좋아한다

4 Seoul is a city which / whose night view is amazing. 서울은 야경이 멋있는 도시이다.

Seoul is a city which / whose is amazing. 서울은 멋있는 도시이다.

Sentence 비교하며 써보기

✎ 주어진 관계대명사를 활용하여 우리말에 맞게 문장을 완성하시오.

1

나는 / 알고 있다 / 한 여자를 / 차 사고를 당했던. (who)

I know | a lady who had a car accident.

나는 / 알고 있다 / 한 고양이를 / 차 사고를 당했던. (which)

I know |

2

나는 / 있다 / 조카가 / 9살인. (that)

I have |

나는 / 있다 / 강아지가 / 9살인. (that)

I have |

3

봐라 / 그 물고기를 / 수영하고 있는. (which)

Look at |

봐라 / 그 소년을 / 수영하고 있는. (who)

Look at |

4

Luna는 / 이다 / 내 여동생 / 갈색 머리카락을 가지고 있는. (who)

| brown hair.

Luna는 / 이다 / 그 고양이 / 갈색 털을 가지고 있는. (which)

| brown hair.

5

나는 / 가지고 있다 / 곰 인형을 / 매우 큰. (that)

I have |

나는 / 가지고 있다 / 곰 인형을 / (곰 인형의) 눈이 매우 큰. (whose)

I have |

6

나는 / 키운다 / 개를 / (개의) 꼬리가 긴. (whose)

I raise |

나는 / 키운다 / 개를 / 긴 꼬리를 가지고 있는. (which)

I raise |

7

너는 / 알고 있니 / 그 소녀를 / 옆집에 사는? (who)

Do you know |

너는 / 알고 있니 / 그 소녀를 / (그 소녀의) 지갑을 도난당한? (whose)

Do you know |

수행평가 SENTENCE WRITING

■ 다음 주어진 단어들을 활용하여 우리말에 맞게 문장을 쓰시오.

| who
| whose
| the sales person
| some people
| a woman

① My neighbor is a woman who is tall.

내 이웃은 키가 큰 여자이다.

② _____

나는 의사인 몇몇 사람들을 알고 있다.

③ _____

그녀는 이름이 Nancy인 그 영업사원이다.

Grammar Point [기초] 관계대명사 주격과 소유격

■ 주어진 단어들을 활용하여 우리말에 맞도록 빈칸에 알맞게 쓰시오.

who	There are many people. + Many people want to see her. → There are many people	그녀를 보기 원하는 많은 사람들이 있다.	→ 관계대명사는 접속사와 대명사 역할을 한다. 관계대명사절은 앞의 명사인 선행사를 수식한다
whose	I met a man. + His son was a painter. → I met a man	나는 아들이 화가였던 한 남자를 만났다.	

Grammar for Writing 문장 쓰기

■ 주어진 단어들을 활용하여 우리말에 맞도록 빈칸에 알맞게 쓰시오.

1 나는 교사인 몇몇 사람들을 알고 있다.   who   → I know   some people who are   teachers.

2 나는 그 청바지를 샀던 그 소년을 기억한다.   who   → I remember   the blue jeans.

3 나는 거리에서 흡연하는 사람들을 좋아하지 않는다.   who   → I don't like   on the street.

4 나는 발이 큰 그 코미디언을 좋아한다.   whose   → I like   big.

5 나는 색깔이 파란색과 주황색인 펜 2개가 필요하다.   whose   → I need   blue and orange.

6 나는 그 식당을 운영하는 그녀를 알고 있다.   who   → I know   the restaurant.

7 우리는 나무로 만들어진 상자를 가지고 있다.   which   → We have   made of wood.

8 머리카락이 갈색인 저 소녀를 봐라.   whose   → Look at   brown.

9 그 이야기는 많은 돈을 벌었던 그 남자에 관한 것이다.   that   → The story is about   much money.

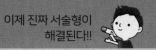

Grammar for 서술형 기본·심화 문제 풀기

A 기본 주어진 단어들을 배열하여 문장을 완성하시오.

1 a man, came, who, for gold, read about, I	→ I read about a man who came for gold. 나는 금을 위해 왔던 한 남자에 대해 읽었다.
2 that, from Spain, are, students, there are	→ 스페인에서 온 학생들이 있다.
3 my cousin, who, is, the girl, to be a director, wants	→ 그 소녀는 영화감독이 되고 싶어하는 내 사촌이다.
4 whose, very famous, is, I, author, the novel, like	→ 나는 저자가 매우 유명한 그 소설을 좋아한다.
5 whose, amazing, is, night view, a city, Seoul, is	→ 서울은 야경이 멋있는 도시이다.
6 dog, her, really big, I, is, whose, know	→ 나는 (그녀의) 개가 정말 큰 그녀를 알고 있다.

B 심화 주어진 단어들을 배열하고 우리말을 쓰시오.

1 whose, is cute, is my book, cover	영문장 → This │ is my book whose cover is cute. 우리말 → 이것은 (책) 표지가 귀여운 내 책이다.
2 a dog, whose, tail, raise, is long	영문장 → I 우리말 →
3 the leader, works hard, who, is	영문장 → He 우리말 →
4 to a building, was, which, very old, went	영문장 → I 우리말 →

관계대명사 목적격과 what

나는 그녀가 기르는 그 식물을 알고 있다.

I know | **the plant** ❷ | **which** ❶ | **she grows.**

Check ❶ 관계대명사가 관계대명사절에서 동사의 목적어 역할을 하면 **목적격 관계대명사**를 쓴다.

Check ❷ 선행사가 사람이면 목적격 관계대명사는 → **who(m)** / 동물, 사물 → **which** / 사람, 동물, 사물 → **that**

I don't like | **the idea which** | **you suggested.**
나는 네가 제안했던 그 아이디어를 좋아하지 않는다.

I don't like | **what** | **you suggested.**
나는 네가 제안했던 것을 좋아하지 않는다.

↳ = the thing(s) which

관계대명사 what

→ 관계대명사 what은 '~한 것'의 의미로, **선행사** the thing(s)을 **이미 포함**한다. 이는 the thing(s) which 로 풀어 쓸 수 있다.

관계대명사 목적격	I need a laptop. + She recommends a~~ laptop.~~		
	→ I need a laptop **which** she recommends. 나는 그녀가 추천하는 노트북이 필요하다. 선행사		
관계대명사 what	what she said 그녀가 말한 것	(주어) **What** she said was true.	그녀가 말한 것은
		(보어) It was **what** she said.	그녀가 말한 것이다
		(목적어) I didn't believe **what** she said.	그녀가 말한 것

💬 Grammar 비교하며 익히기 • 우리말에 맞게 고르시오.

1 나는 그녀가 기르는 그 개를 알고 있다.

I know the dog ⟨which⟩ / who she raises.

나는 그녀가 키우는 그 소년을 알고 있다.

I know the boy which / who(m) she raises.

2 네가 보았던 그 소년은 내 아들이다.

The boy which / who(m) you saw is my son.

네가 보았던 그 고양이는 내 애완동물이다.

The cat which / who(m) you saw is my pet.

3 이것은 그녀가 필요한 것이다.

This is what / which she needs.

이것은 그녀가 원했던 것이다.

This is what / which she wanted.

4 네가 기억하는 것을 내게 말해라.

Tell me what / that you remember.

네가 기억하는 무엇이든 내게 말해라.

Tell me anything what / that you remember.

5 Joshua가 그린 것을 봐라.

Look at the picture what / what Joshua drew.

Joshua가 가져온 것을 봐라.

Look at the picture what / what Joshua brought.

Sentence 비교하며 써보기

✏️ 주어진 관계사를 활용하여 우리말에 맞게 문장을 완성하시오.

1 나는 좋아한다 / 그 소녀를 / 그가 알고 있는. (whom)

I like the girl whom he knows.

나는 좋아한다 / 그 책을 / 그가 알고 있는. (which)

I like

2 그녀는 ~이다 / 내 학급 친구 / 내가 좋아하는. (whom)

She is

그것은 ~이다 / 그 음식 / 내가 좋아하는. (that)

It is

3 너는 알고 있니 / 그 남자를 / 그녀가 좋아하는? (whom)

Do you know

너는 알고 있니 / 그 식당을 / 그녀가 좋아하는? (which)

Do you know

4 내가 필요한 것은 / 이다 / 네 사랑. (what)

네 사랑은 / 이다 / 내가 필요한 것. (what)

5 내게 말해라 / 네가 했던 것을. (what)

네가 했던 것은 / 였다 / 아주 나쁜. (what)

6 나는 / 이해한다 / 그녀가 말한 것을. (what)

이것은 / 이다 / 그녀가 말한 것. (what)

7 나는 / 대답하지 못한다 / 네가 내게 물었던 것을. (what)

네가 내게 물었던 것은 / 였다 / 어려운. (what)

수행평가 SENTENCE WRITING

■ 다음 편지를 읽고 우리말을 영어로 쓰시오.

Son: Mom, ① 나는 당신이(엄마께서) 어제 말씀하셨던 것을 이해해요. But, I really want to play computer games.

Mom: I know that you want it. But, ② 네가 지금 필요한 것은 공부를 열심히 하는 것 (to study hard)이란다.

① _____ yesterday.

② _____

Grammar Point 기초 관계대명사 목적격과 what

■ 주어진 단어들을 활용하여 우리말에 맞도록 빈칸에 알맞게 쓰시오.

which, recommend	I need a laptop. + She recommends a laptop. → I need a laptop _____	나는 그녀가 추천하는 노트북이 필요하다.
what, say	_____ was true.	그녀가 말한 것은 사실이었다.
	I didn't believe _____	나는 그녀가 말한 것을 믿지 않았다.

→ 관계대명사절에서 관계대명사가 동사의 목적어 역할을 할 경우 목적격 관계대명사를 쓴다.
관계대명사 what은 선행사가 필요 없다.

Grammar for Writing 문장 쓰기

■ 주어진 단어들을 활용하여 우리말에 맞도록 빈칸에 알맞게 쓰시오.

1 이것이 내가 쓰는 그 일기장이다.   **which** → This is the diary which _____ I keep.

2 나는 그것이 포함하는 그 정보가 필요하다.   **which** → _____ it includes.

3 나는 그녀가 기르는 그 식물을 알고 있다.   **that** → _____ she grows.

4 내가 만든 그 음식 맛을 봐라.   **that** → _____ I made.

5 나는 네가 내게 보낸 그 편지를 읽고 있는 중이다.   **which** → _____ you sent me.

6 그녀는 내가 가르쳤던 그 학생이다.   **whom** → _____ I taught.

7 네가 만났던 그 소년은 내 아들이다.   **whom** → _____ is my son.

8 네가 기억하는 것을 내게 말해라.   **what** → Tell me _____

9 네가 설명했던 것을 나는 믿지 않는다.   **what** → I don't believe _____

10 네가 가져온 것을 내게 보여줘.   **what** → Show me _____

이제 진짜 서술형이
해결된다!!

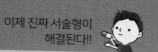

Grammar for 서술형 기본·심화 문제 풀기

A 기본 주어진 단어들을 배열하여 문장을 완성하시오.

1 the pet, I, she liked, which, take care of

→ I take care of the pet which she liked.

나는 그녀가 좋아했던 그 애완동물을 돌본다.

2 the secret, told you, keep, I, that

→

내가 네게 말한 그 비밀을 지켜라.

3 is, mine, on the desk, is, what

→

그 책상 위에 있는 것은 내 것이다.

4 what, me, you, did, tell

→

네가 한 것을 내게 말해라.

5 Joshua, what, drew, look at

→

Joshua가 그린 것을 봐라.

6 she needs, this, is, what

→

이것은 그녀가 필요한 것이다.

B 심화 주어진 단어들을 배열하고 우리말을 쓰시오.

1 what, me, you asked, answer, I, can't

영문장 → I can't answer what you asked me.

우리말 → 나는 네가 내게 물었던 것에 대답하지 못한다.

2 she, what, understand, is talking about, I

영문장 →

우리말 →

3 isn't fresh, which, fruit, picked, you

영문장 → The

우리말 →

4 was great, which, performance, saw, I

영문장 → The

우리말 →

문법이 쓰기다 서술형

관계대명사 계속적 용법과 관계부사

너는 그 정보를 가지고 있는데, 나는 그것이 필요 없다.

You have the information **, which** I don't need.

Check❶ 계속적 용법은 **콤마(,)**를 관계대명사 앞에 쓰고 앞에서부터 해석하며 선행사를 보충 설명한다.
Check❷ 관계부사는 두 문장을 연결하면서 선행사를 수식하는 **부사 역할**을 할 수 있다.

비교) 콤마 없는 한정적 용법은 관계대명사절이 선행사를 수식
This is my laptop which is the newest. (이것은 내 최신 노트북이다. - 최신이 아닌 노트북이 더 있을 수 있음)

This is | **my laptop, which** | **is the newest.**

이것은 내 노트북인데, 그것은 최신이다.

Seoul is | **the city** | **where** | **I was born.**

서울은 내가 태어난 도시이다.

관계대명사 계속적 용법	There is a building. + ~~The building~~ is famous. → There is a building, **which** is famous. 선행사 빌딩이 하나 있는데, 그것은 유명하다.
관계부사	This is the house. + I live ~~in the house.~~ → This is the house **where** I live. 선행사 이곳은 내가 사는 집이다.

✔ 선행사에 따른 관계부사의 종류

	선행사	관계부사
장소	the place, the city	**where**
시간	the time, the day	**when**
이유	the reason	**why**
방법	the way	**how**

* the way와 how는 동시에 쓸 수 없으므로 하나를 생략

📝 Grammar 비교하며 익히기 ▪ 우리말에 맞게 고르시오.

1 Nancy는 내 선생님인데, 그녀는 캐나다에서 오셨다.

Nancy is [my teacher who / (my teacher, who)] is from Canada.

Nancy는 캐나다에서 오신 내 선생님이다.

Nancy is [my teacher who / my teacher, who] is from Canada.

2 나는 흥미진진했던 콘서트에 갔었다.

I went to [a concert which / a concert, which] was exciting.

나는 콘서트에 갔는데, 그것은 흥미진진했다.

I went to [a concert which / a concert, which] was exciting.

3 이것이 그들이 그 텐트를 칠 수 있었던 방법이다.

This is [how / why] they could set up the tent.

그는 그들이 그 텐트를 치는 이유를 설명했다.

He explained the reason [how / why] they set up the tent.

4 나는 네가 그 손목 시계를 고친 방법을 알지 못한다.

I don't know [the way / the day] you repaired the watch.

나는 네가 그 손목 시계를 고친 날짜를 알지 못한다.

I don't know [the way / the day] when you repaired the watch.

Sentence 비교하며 써보기

✎ 다음 관계사를 사용하여 생략 없이 우리말에 맞게 문장을 쓰시오.

1 많은 사람들이 있는데, 그들은 은퇴했다: (who)

There are | many people, who were retired. |

은퇴한 많은 사람들이 있다. (who)

There are | |

2 나는 한 남자를 알고 있는데, 그는 질병이 있다. (who)

I know | |

나는 질병이 있는 한 남자를 알고 있다. (who)

I know | |

3 나는 벽장이 있는데, 그것은 우리 아빠가 내게 만들어 준 것이다. (which)

I have | |

이것은 우리 아빠가 내게 만들어 준 그 벽장이다. (which)

This is | |

4 콘서트 홀이 있는데, 그곳은 거대하다. (which)

There is | |

거대한 콘서트 홀이 있다. (which)

There is | |

5 이것이 내가 그 공원을 좋아하는 이유이다. (why)

This is | |

이곳이 내가 주말마다 노는 공원이다. (where)

This is | |

6 이곳은 내가 그 지갑을 발견했던 장소이다. (where)

This is | |

이때가 내가 그 지갑을 발견했던 날짜이다. (when)

This is | |

7 그가 한국에 돌아온 해를 내게 말해줘. (when)

Tell me | |

그가 한국에 돌아온 이유를 내게 말해줘. (why)

Tell me | |

수행평가 SENTENCE WRITING

■ 다음 일기를 읽고 우리말에 맞게 관계사 문장을 생략 없이 쓰시오.

① I received a text message, which was from my mom.

나는 문자 메시지(a text message)를 받았는데, 그것은 우리 엄마에게서 온 것이었다(from my mom).

② _____

우리 엄마는 내가 있는 장소를 알고 싶어 했다(want to know).

I told my mom that I was at my friend's house. She seemed very upset.

③ _____

나는 그녀가 화가 났던(upset) 이유를 모르겠다.

✓숙제용으로도 쓸 수 있어요.

Grammar Point [기초] 관계대명사 계속적 용법과 관계부사

■ 주어진 단어들을 활용하여 우리말에 맞도록 빈칸에 알맞게 쓰시오.

| which | There is a building. + The building is famous.
 → There is a building, _____ | 빌딩이 하나 있는데, 그것은 유명하다. |
| where | This is the house. + I live in the house.
 → This is the house _____ | 이곳은 내가 사는 집이다. |

→ 관계대명사의 계속적 용법은 선행사의 의미를 보충하며 앞에서부터 해석한다. 관계부사는 부사의 역할을 하며 선행사를 수식한다.

Grammar for Writing 문장 쓰기

■ 주어진 단어들을 활용하여 우리말에 맞도록 생략 없이 관계사 문장을 완성하시오.

1 Nancy는 내 선생님인데, 그녀는 캐나다에서 오셨다. **who** → Nancy is my teacher, who is from Canada.

2 나는 콘서트에 갔는데, 그것은 흥미진진했다. **which** → I went to _____ exciting.

3 나는 드레스를 샀는데, 그것은 매우 비쌌다. **which** → I bought _____ very expensive.

4 나는 저녁을 먹었는데, 우리 엄마가 그것을 만들었다. **which** → I had _____

5 콘서트 홀이 있는데, 그곳은 거대하다. **which** → There is _____ huge.

6 이것이 그들이 그 텐트를 칠 수 있었던 방법이다. **how** → This is _____ the tent.

7 이것이 내가 많이 울었던 이유이다. **why** → This is _____ a lot.

8 나는 그가 여기에 도착하는 날짜를 알고 싶다. **when** → I want to know _____ here.

9 나는 네가 피곤한 이유를 이해한다. **why** → I understand _____ tired.

Grammar for 서술형 기본·심화 문제 풀기

A 기본 주어진 단어들을 배열하여 문장을 완성하시오.

1 which, a bag, was, bought, very cheap, I (계속적 용법)

→ I bought a bag, which was very cheap.

나는 가방을 샀는데, 그것은 (값이) 매우 쌌다.

2 made, which, my dad, lunch, I, had (계속적 용법)

→

나는 점심을 먹었는데, 우리 아빠가 그것을 만들었다.

3 which, took, I, an exam, difficult, was not (계속적 용법)

→

나는 시험을 봤는데, 그것은 어렵지 않았다.

4 the reason, she, understand, is, why, upset, I

→

나는 그녀가 화가 난 이유를 이해한다.

5 we, forget, when, dating, don't, started, the day

→

우리가 데이트를 시작한 날을 잊지 말아라.

B 심화 주어진 단어들을 배열하고 우리말을 쓰시오.

1 I, where, the place, the wallet, found, this is

영문장 → This is the place where I found the wallet.

우리말 → 이곳은 내가 그 지갑을 발견했던 장소이다.

2 he, when, to know, the date, I, here, arrives, want

영문장 →

우리말 →

3 killed, was, many people, an earthquake, which, there (계속적 용법)

영문장 →

우리말 →

4 which, a message, was, received, from my mom, I (계속적 용법)

영문장 →

우리말 →

교과서 **문법 마무리** 개념 정리 ➕ 문장 정리 ➕ 문제 유형

1. 나는 차 사고를 당했던 한 여자를 알고 있다. (who)

→ I know _____

_____ .

2. 나는 차 사고를 당했던 한 고양이를 알고 있다. (which)

→ I know _____

_____ .

1. 관계대명사

관계대명사는 두 문장에서 중복되는 단어를 없애고 한 문장으로 연결한다.

관계대명사 주격	선행사가 사람 → who, that 사물, 동물 → which, that	There are many people.+ ~~Many people~~ want to see her. → There are many people **who** want to see her.
관계대명사 소유격	선행사에 관계 없이 주로 → whose	I know the boy. + ~~His~~ dad is very tall. → I know the boy **whose** dad is very tall.
관계대명사 목적격	선행사가 사람 → who(m) 동물, 사물 → which	I need a laptop. + She recommends ~~a laptop~~. → I need a laptop **which** she recommends.
관계대명사 what	이미 선행사를 포함	[주어] **What** she said was true. [보어] It was **what** she said. [목적어] I didn't believe **what** she said.

＊that은 주격과 목적격에서 선행사나 관계대명사의 역할에 관계 없이 언제든 사용 가능

문제로 정리

① I like the book which / who he knows.　　　나는 그가 알고 있는 그 책을 좋아한다.

② Tell me which / what you did.　　　네가 했던 것을 내게 말하라.

3. Nancy는 내 선생님인데, 그녀는 캐나다에서 오셨다. (who)

→ Nancy is _____

_____ .

4. Nancy는 캐나다에서 오신 내 선생님이다. (who)

→ Nancy is _____

_____ .

2. 관계대명사 계속적 용법

콤마(,)를 관계대명사 앞에 쓰고 앞에서부터 해석하며 선행사를 보충 설명한다.

There is a building. + ~~The building~~ is famous.
→ There is a building, **which** is famous.　　　빌딩이 하나 있는데, 그것은 유명하다.

3. 관계부사

두 문장을 연결하는 부사의 역할로, 선행사를 수식한다.

This is the house. + I live ~~in the house~~.
→ This is the house **where** I live.

＊the way와 how는 동시에 쓸 수 없으므로 하나를 생략

	선행사	관계부사		선행사	관계부사
장소	the place, the city	where	이유	the reason	why
시간	the time, the day	when	방법	the way	how

5. 이곳은 내가 그 지갑을 발견했던 장소이다.

→ This is _____

_____ .

6. 이때가 내가 그 지갑을 발견했던 날짜이다.

→ This is _____

_____ .

문제로 정리

③ This is the reason why / how I cried a lot.　　　이것이 내가 많이 울었던 이유이다.

④ Seoul is the city where / when I was born.　　　서울은 내가 태어난 도시이다.

 문제로 정리 ① which ② what ③ why ④ where

문장 정리 1. I know a lady who had a car accident. 2. I know a cat which had a car accident. 3. Nancy is my teacher, who is from Canada. 4. Nancy is my teacher who is from Canada. 5. This is the place where I found the wallet. 6. This is the date when I found the wallet.

서술형, 수행 평가를 위한 조언

문장을 연결해 주는 다양한 접속사의 종류에 유의하여 문장 쓰기 연습을 한다. 실현 가능성이 없는 사실을 나타내는 가정법 과거와 과거완료의 형태에 유의하여 문장을 쓰는 훈련을 한다.

서술형 수행평가 완벽 대비

PART 9
접속사와 가정법

구성과 교과서 연계

Unit 1	부사절 접속사	비상(이) 9과, 두산(김) 1과
Unit 2	상관접속사와 that의 쓰임	두산(김) 7과, 비상(이) 2과
Unit 3	가정법	YBM(박) 9과
문법 마무리		

✅ 중학 문법이 쓰기다 연계

1학년
부사절 접속사
Part 10 접속사

2학년
부사절 접속사
Part 9 접속사와 가정법

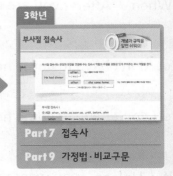

3학년
부사절 접속사
Part 7 접속사
Part 9 가정법·비교구문

그는 어렸을 때, 그림 그리는 것을 좋아했다.

When **he was young,** ❶ ❷ **he enjoyed drawing.**

Check❶ 부사절 접속사(when)는 문장(①)과 문장(②)을 연결하는 **접속사 역할**을 한다.
Check❷ 부사절 접속사가 속한 문장(①)은 앞이나 뒤에 오는 문장(②)를 보충 설명한다.

If it doesn't rain, | he will arrive on time.
비가 오지 않는다면,
그는 제시간에 도착할 것이다.

Unless it rains, | he will arrive on time.
비가 오지 않는다면,
그는 제시간에 도착할 것이다.

→ 시간, 조건을 나타내는 접속사절에는 미래 대신 현재 시제를 쓴다.

부사절 접속사의 종류
→ 접속사 종류에 따라 시간이나 **이유, 조건** 등을 나타낸다. 문맥에 따라 알맞게 해석해야 한다.

시간	**When** it rains,	비가 올 때,	**While** it is raining,	비가 내리는 동안,
	Before it rains,	비가 내리기 전에,	**After** it rains,	비가 내린 후에,
이유	**Because/As** it rains,			비가 내리기 때문에,
조건	**If** you leave early,			네가 일찍 출발한다면,
	Unless(= if not) you leave early,			네가 일찍 출발하지 않는다면,

* 접속사 as는 '~하는 동안', '~듯이'의 의미도 있다.
* 접속사로 시작하는 문장이 뒤에 올 경우 별도로 콤마(,)를 사용하지 않는다. (He enjoyed drawing when he was young.)

✅ Grammar 비교하며 익히기 ▪ 우리말에 맞게 고르시오.

1 그는 신문을 읽기 전에, 조깅을 한다.
(**Before**) / After he reads a newspaper, he goes jogging.

그는 신문을 읽은 후에, 조깅을 한다.
Before / After he reads a newspaper, he goes jogging.

2 그는 너무 피곤했기 때문에, 집에 있기로 결정했다.
When / As he was too tired, he decided to stay at home.

너무 피곤할 때, 이 약을 먹어라.
When / After you are too tired, take this medicine.

3 내가 너에게 전화를 한다면, 너는 여기에 올 필요가 없다.
You don't have to come here if / unless I call you.

내가 너에게 전화를 하지 않는다면, 너는 여기에 올 필요가 없다.
You don't have to come here if / unless I call you.

4 네가 그것을 하고 싶지 않다면, 내게 알려 줘.
If / Unless you want to do it, let me know.

네가 그것을 하고 싶다면, 내게 알려 줘.
If / Unless you want to do it, let me know.

Sentence 비교하며 써보기

✎ 다음 단어들을 활용하여 우리말에 맞게 문장을 완성하시오.

1

Before you enter the library,	turn off your cellphone.

도서관에 들어가기 전에, 휴대전화를 끄세요. (before)

	turn off your cellphone.

도서관에 들어갈 때, 휴대전화를 끄세요. (when)

enter

2

	raise your hand.

그 답을 안다면, 손을 드세요. (if)

	raise your hand.

그 답을 알지 못한다면, 손을 드세요. (unless)

know

3

	I won't give it back to you.

네가 그 약속을 지키지 않는다면, 나는 그것을 너에게 돌려 주지 않을 것이다. (if)

	I won't give it back to you.

네가 그 약속을 지키지 않는다면, 나는 그것을 너에게 돌려 주지 않을 것이다. (unless)

keep

4

He couldn't answer the phone [ ]

그는 자고 있었기 때문에, 전화를 받지 못했다. (because)

He didn't answer the phone [ ]

그는 자고 있는 동안, 전화를 받지 않았다. (while)

be sleeping

5

You will be late for the class [ ]

네가 일찍 일어나지 않는다면, 너는 그 수업에 늦게 될 것이다. (if)

You will be late for the class [ ]

네가 일찍 일어나지 않는다면, 너는 그 수업에 늦게 될 것이다. (unless)

wake up

수행평가 SENTENCE WRITING

■ 다음 대화를 보고 주어진 단어들을 활용하여 우리말에 맞게 영어 문장을 쓰시오.

어렸을 때 내 꿈은 예술가였어.

① 나는 어렸을 때, 그림 그리는 것을 즐겼어.

② 그림 그리기를 좋아해서, 나는 훌륭한 예술가가 되고 싶었어.

③ 만약 내가 예술가 몇 명을 알고 있다면, 그들에게 많은 질문을 하고 싶어.

지금도 예술가의 삶은 어떤지 궁금한 게 너무 많아!

① When I was young, I enjoyed drawing.
   (when, enjoy drawing)

② _____
   (because, like drawing, want)

③ _____
   (if, some artists, ask them, many questions)

Grammar Point 기초 시간, 이유, 조건을 나타내는 접속사

▪ 주어진 단어들을 활용하여 우리말에 맞도록 빈칸에 알맞게 쓰시오.

go jogging	Before I go jogging,	I read a newspaper.	조깅하러 가기 전에,
		I read a newspaper.	조깅하러 간 후에,
if, unless, leave		early, you won't be late.	네가 일찍 출발한다면,
		early, you will be late.	네가 일찍 출발하지 않는다면,

➜ 앞이나 뒤에 오는 문장의 의미를 보충 설명해 주는 다양한 접속사의 의미를 구분할 수 있다.

Grammar for Writing 문장 쓰기

▪ 주어진 단어들을 활용하여 우리말에 맞도록 빈칸에 알맞게 쓰시오.

1 나는 여행을 하는 동안에, 새로운 친구들을 만날 수 있다. **while, travel** → While I am traveling, I can meet new friends.

2 나는 감기에 걸렸기 때문에, 의사를 보러 갔다. **because, catch** → _____ I went to see a doctor.

3 네가 빨간 표지판을 보았을 때, 조심해야 한다. **when, see** → You should be careful _____

4 네가 무엇인가를 말하기 전에, 주의 깊게 생각해야 한다. **before, say** → You should think carefully _____

5 네가 그것을 하고 싶지 않다면, 내게 알려 줘. **if, want** → _____ let me know.

6 네가 그것을 하고 싶지 않다면, 내게 알려 줘. **unless, want** → _____ let me know.

7 내가 너에게 전화하지 않는다면, 너는 여기 올 필요가 없다. **unless, call** → You don't have to come here _____

8 내가 너에게 전화하지 않는다면, 너는 여기 올 필요가 없다. **if, call** → You don't have to come here _____

Grammar for 서술형 기본·심화 문제 풀기

A 기본 주어진 단어들을 활용하여 문장을 완성하시오.

보기

know

borrow

take

walk

be sleeping

1 When he takes a shower, he always listens to the radio.

그는 샤워를 할 때(when), 항상 라디오를 듣는다.

2 _____ he didn't answer the phone.

그는 자고 있는 동안(while), 전화를 받지 않았다.

3 It is an easy question _____

그녀가 그 답을 알기 때문에(as), 그것은 쉬운 문제이다.

4 I'll go shopping _____

나는 돈을 좀 빌린 후에(after), 쇼핑을 갈 것이다.

5 _____ don't use a cellphone.

네가 거리를 걷고 있는 동안에는(while), 휴대전화를 사용하지 말아라.

B 심화 우리말에 맞도록 문장을 완성하시오.

1 비가 올 때(when), 우리는 차를 운전하지 않는다. → When it rains, we don't drive a car.

비가 오는 동안(while), 우리는 차를 운전하지 않는다. → _____

2 도서관에 들어가기 전에(before), 휴대전화를 끄세요. → _____

휴대전화를 끈 후에(after), 도서관에 들어가세요. → _____

3 그 답을 안다면(if), 손을 드세요. → _____

그 답을 알지 못한다면(unless), 손을 드세요. → _____

4 그 책을 읽기 원한다면(if), 그것을 지금 빌리세요. → _____

그 책 읽기를 원하지 않는다면(unless),
그것을 지금 반납하세요. → _____

not only Europe but also Asia

Check❶ 상관접속사는 두 단어 이상이 모여 특정 의미를 나타내며, 동등한 두 대상을 연결한다.
Check❷ that은 접속사나 동격 등으로 다양하게 쓰인다.

Both you and he work hard. 너와 그 모두 일을 열심히 한다.

I think that he works hard. 나는 그가 일을 열심히 한다고 생각한다.
❷
➜ 목적어로 쓰인 접속사 that

➜ 동사는 밑줄 친 단어와 수일치 하며, both는 항상 복수 동사를 취한다.

상관접속사와 that
➜ 상관접속사는 두 단어 이상이 짝을 이루어 쓰인다. that은 문장 내에서 다양한 역할을 한다.

상관접속사		다양한 that의 쓰임	
either you **or** she 너 혹은 그녀가	접속사	주어	**That** she keeps a diary is great. 그녀가 일기를 쓰는 것은 (= It is great that she keeps a diary.)
both you **and** she 너와 그녀 모두		목적어	I know **that** she keeps a diary. 그녀가 일기를 쓰는 것을
not only you **but also** she 너뿐 아니라 그녀도		보어	The point is **that** she keeps a diary. 그녀가 일기를 쓰는 것이다
she **as well as** you 너뿐 아니라 그녀도	동격		They know the fact **that** she keeps a diary. 그녀가 일기를 쓰는 사실을 (앞 명사 the fact를 설명)

✅Grammar 비교하며 익히기 ▪ 우리말에 맞게 고르시오.

1 우리는 축구 혹은 야구를 선택했다.

We chose (either) / both soccer or baseball.

우리는 축구와 야구 모두 선택했다.

We chose either / both soccer and baseball.

2 너는 그에게 말도 하고 글도 써야 한다.

You must either / both speak and write to him.

너는 그에게 말을 하거나 글을 써야 한다.

You must either / both speak or write to him.

3 Tom과 Jack 모두 역사를 좋아한다.

Either / Both Tom and Jack like history.

Tom 혹은 Jack이 역사를 좋아한다.

Either / Both Tom or Jack likes history.

4 우리는 음식뿐 아니라 마실 것도 공유한다.

We share not only / either food but also drink.

우리는 음식뿐 아니라 마실 것도 공유한다.

We share drink that / as well as food.

5 나는 영어뿐 아니라 한국어도 한다.

I speak Korean either / as well as English.

나는 영어뿐 아니라 한국어도 한다.

I speak not only / either English but also Korean.

Sentence 비교하며 써보기

주어진 단어들을 활용하여 우리말에 맞게 문장을 완성하시오.

1 너와 그 모두 / 다운받을 수 있다 / 그것을 무료로. (both, download)

Both you and he can download it ____ for free.

너 혹은 그는 / 다운받을 수 있다 / 그것을 무료로. (either, download)

____ for free.

2 Jiho 혹은 Seyeon이 / 참석할 것이다 / 그 파티에. (either, attend)

____ the party.

Jiho와 Seyeon 모두 / 참석할 것이다 / 그 파티에. (both, attend)

____ the party.

3 우리는 / 세운다 / 계획뿐 아니라 예산도. (not only, but also)

We make ____

우리는 / 세운다 / 계획뿐 아니라 예산도. (as well as)

We make ____

4 그들은 / 이다 / 신중할 뿐 아니라 부지런한. (as well as, diligent, careful)

They are ____

그들은 / 이다 / 신중할 뿐 아니라 부지런한. (not only, but also, diligent, careful)

They are ____

5 나는 / 희망한다 / 네가 좋은 시간을 보내기를. (that, have)

____ a great time.

내 희망은 / 이다 / 네가 좋은 시간을 보내는 것. (that, have)

____ a great time.

6 그녀가 Roger을 좋아하는 것은 / 이다 / 사실인. (that, true)

____

나는 / 안다 / 그녀가 Roger을 좋아한다는 그 사실을. (that, fact)

____

7 이다 / 사실인 / 그가 정직한 사람이라는 것이. (it, that)

____ an honest person.

나는 / 믿는다 / 그가 정직한 사람이라는 것을. (that)

____ an honest person.

수행평가 SENTENCE WRITING

■ 다음 표를 보고 Jimmy와 Miya가 좋아하는 과목을 조건에 맞게 영어 문장과 우리말로 쓰시오.

Jimmy	Miya
Math	Korean
English	English

① not only ~ but also를 사용할 것

Jimmy likes not only math but also English.

우리말 → Jimmy는 수학뿐 아니라 영어도 좋아한다.

② as well as를 사용할 것

Miya ____

우리말 → ____

③ both를 사용할 것

Both Jimmy ____

우리말 → ____

✓ 숙제용으로도 쓸 수 있어요.

Grammar Point 기초 상관접속사와 다양한 that의 쓰임

- 주어진 단어들을 활용하여 우리말에 맞도록 빈칸에 알맞게 쓰시오.

both, either	Either you or he	is right.	너 혹은 그가 맞다.
		are right.	너와 그 모두 맞다.
that, keep, a diary		is great.	그녀가 일기를 쓴다는 것이 멋지다.
	I know		나는 그녀가 일기를 쓴다는 것을 알고 있다.

→ 두 단어 이상이 짝을 이루어 쓰이는 상관접속사의 쓰임을 이해한다. 문장 내에서 다양한 역할을 할 수 있는 that의 쓰임을 구분할 수 있다.

Grammar for Writing 문장 쓰기

■ 주어진 단어들을 활용하여 우리말에 맞도록 빈칸에 알맞게 쓰시오.

1 Tom과 Jack 모두 역사를 좋아한다.　**both**　→　Both Tom and Jack　like history.

2 Tom 혹은 Jack이 역사를 좋아한다.　**either**　→　likes history.

3 나는 영어뿐 아니라 한국어도 한다.　**not only, but also**　→ I speak

4 나는 영어뿐 아니라 한국어도 한다.　**as well as**　→ I speak

5 너는 그에게 말을 하거나 글을 써야 한다.　**either**　→ You must

6 너는 그에게 말도 하고 글도 써야 한다.　**both**　→ You must

7 저는 당신이 좋은 시간을 보내기 바랍니다.　**that, have**　→　a great time.

8 네가 그 상을 받았다는 것은 놀랍다.　**that, win**　→　is surprising.

9 그녀가 친절한 사람이라는 것은 사실이다.　**it, that**　→　a kind person.

10 사실은 그가 그 창문을 깨뜨렸다는 것이다.　**that, break**　→　the window.

Grammar for 서술형 기본·심화 문제 풀기

A 기본 주어진 단어들을 배열하여 문장을 완성하시오.

1 not only, educational, interesting, but also, was, the movie

→ The movie was not only interesting but also educational.

그 영화는 재미있었을 뿐 아니라 교육적이었다.

2 careful, diligent, are, as well as, they

→

그들은 신중할 뿐 아니라 부지런하다.

3 the point, work hard, that, we, is

→

요점은 우리가 열심히 일한다는 것이다.

4 surprising, Korean, is, that, she, is

→

그녀가 한국인이라는 것은 놀랍다.

5 a model, it, that, is, he, certain, wants, to be

→

그가 모델이 되고 싶어 하는 것은 확실하다.

B 심화 주어진 단어들을 배열하고 우리말을 쓰시오.

1 both he, took part in, I, and, the contest

영문장 → Both he and I took part in the contest.

우리말 → 그와 나는 모두 그 대회에 참가했다.

2 or, either Jiho, the party, will attend, Seyeon

영문장 →

우리말 →

3 I heard, the prize, won, you, that

영문장 →

우리말 →

4 is, true, he is, that, a rude person, it

영문장 →

우리말 →

만약 그녀가 그것을 알고 있다면, 화를 낼 텐데.

If she ⌐knew¬ it, she ⌐would get¬ angry.

Check❶ 현재 사실의 반대를 가정할 때는 **가정법 과거**로 나타낸다.
Check❷ **가정법 과거완료**는 과거 사실의 반대를 가정한다.

☞ if절에서 be동사는 were을 쓰지만, 구어체에서 was가 쓰이기도 한다.

| If I | were | you, I | would call | him. |

만약 내가 너라면,
그에게 전화할 텐데.

| If I | ⌐had been¬ ❷ | you, I | ⌐would have called¬ ❷ | him. |

만약 내가 너였다면,
그에게 전화했었을 텐데.

가정법 과거와 과거완료

→ 가정법 과거는 현재 사실의 반대를 가정하고, **가정법 과거완료는 과거 사실의 반대를 가정한다.**

	If + 주어 + 동사 과거 ~,	주어 + 조동사 과거 + 동사원형 ~.
가정법 과거	If I **were** an adult, 만약 내가 성인이라면,	I **could drive** a car. 차를 운전할 수 있을 텐데.
가정법 과거완료	If + 주어 + had + 과거분사 ~, If I **had been** an adult, 만약 내가 성인이었다면,	주어 + 조동사 과거 + have + 과거분사 ~. I **could have driven** a car. 차를 운전할 수 있었을 텐데.

↘ 의미에 따라 might, would도 사용 가능

💬 Grammar 비교하며 익히기 ▪ 우리말에 맞게 고르시오.

1 만약 내가 내 방을 청소했다면, 그 열쇠를 찾았을지도 모를 텐데.
If I 〔 cleaned / (had cleaned) 〕 my room, I might have found the key.

만약 내가 내 방을 청소한다면, 그 열쇠를 찾을지도 모를 텐데.
If I 〔 cleaned / had cleaned 〕 my room, I might find the key.

2 만약 내가 운동을 한다면, 체중이 줄어들 텐데.
If I 〔 did / had done 〕 exercise, I would lose my weight.

만약 내가 운동을 했다면, 체중이 줄어들었을 텐데.
If I 〔 did / had done 〕 exercise, I would have lost my weight.

3 만약 내가 수학을 잘한다면, 너를 도와줄 텐데.
If I 〔 were / had been 〕 good at math, I would help you.

만약 내가 수학을 잘했다면, 너를 도와주었을 텐데.
If I 〔 were / had been 〕 good at math, I would have helped you.

4 만약 내가 여기에 살았다면, 그 공원에 매주 갔었을 텐데.
If I had lived here, I 〔 would go / would have gone 〕 to the park every week.

만약 내가 여기에 산다면, 그 공원에 매주 갈 텐데.
If I lived here, I 〔 would go / would have gone 〕 to the park every week.

Sentence 비교하며 써보기

다음 단어들을 활용하여 우리말에 맞게 문장을 완성하시오.

1 If I saw her, I would talk to her.
만약 내가 그녀를 본다면, 그녀에게 말을 걸 텐데.

If I _____ to her.
만약 내가 그녀를 보았다면, 그녀에게 말을 걸었을 텐데.

see, would, talk

2 If I _____ you there.
만약 내가 그 교회에 간다면, 너를 거기에서 만날 텐데.

If I _____ you there.
만약 내가 그 교회에 갔었다면, 너를 거기에서 만났었을 텐데.

go, would, meet

3 If he _____ the car.
만약 그가 부자라면, 그 차를 살지도 모를 텐데.

If he _____ the car.
만약 그가 부자였다면, 그 차를 샀었을지도 모를 텐데.

be, might, buy

4 If you _____ the question.
만약 네가 그 책을 읽는다면, 그 질문에 대답할 수 있을 텐데.

If you _____ the question.
만약 네가 그 책을 읽었다면, 그 질문에 대답할 수 있었을 텐데.

read, could, answer

5 If they _____ you.
만약 그들이 충분한 시간이 있다면, 너를 방문할 수 있을 텐데.

If they _____ you.
만약 그들이 충분한 시간이 있었다면, 너를 방문할 수 있었을 텐데.

have, could, visit

수행평가 SENTENCE WRITING

■ 다음 사진을 보고 우리말에 맞게 문장을 쓰시오.

① If you bought me a gift, I would be happy.
만약 네가 내게 선물을 사 준다면(buy me a gift), 나는 행복할 텐데(would, happy).

② _____
만약 네가 내게 선물을 사 줬다면(buy me a gift), 나는 행복했었을 텐데(would, happy).

③ _____
만약 내가 네 생일을 안다면(know), 너에게 선물을 사줄 수 있을 텐데(could, buy you a gift).

④ _____
만약 내가 네 생일을 알았다면(know), 너에게 선물을 사줄 수 있었을 텐데(could, buy you a gift).

가정법 서술형 총정리

✓ 숙제용으로도 쓸 수 있어요.

Grammar Point 기초 가정법 과거와 과거완료

■ 주어진 단어들을 활용하여 우리말에 맞도록 빈칸에 알맞게 쓰시오.

be, an adult	If I were an adult,	I could drive a car.	만약 내가 성인이라면,	→ 사실과 반대의 상황을 가정하는 가정법의 시제와 형태를 구분할 수 있다.
		I could have driven a car.	만약 내가 성인이었다면,	
would, call	If I were not upset,		그에게 전화할 텐데	
	If I had been not upset,		그에게 전화했었을 텐데	

Grammar for Writing 문장 쓰기

■ 주어진 단어들을 활용하여 우리말에 맞도록 빈칸에 알맞게 쓰시오.

1 만약 내가 차가 있다면, 너를 데리러 갈 수 있을 텐데.   **have, a car** → If I had a car, I could pick you up.

2 만약 내가 휴대전화가 있다면, 너에게 전화할 수 있을 텐데.   **have, a cellphone** → I could call you.

3 만약 내가 쇼핑을 간다면, 너의 선물을 살지도 모를 텐데.   **might, buy** → If I went shopping,

4 만약 내가 그 교회에 간다면, 너를 거기에서 만날 텐데.   **would, meet** → If I went to the church,

5 만약 내가 그 주소를 알고 있었다면, 길을 잃지 않았을 텐데.   **know, the address** → I wouldn't have been lost.

6 만약 내가 돈이 있었다면, 그 차를 샀었을지도 모를 텐데.   **have, money** → I might have bought the car.

7 만약 내가 그곳에 있었다면, 그를 만날 수 있었을 텐데.   **could, meet** → If I had been there,

8 만약 그가 부자였다면, 그 집을 살 수 있었을 텐데.   **could, buy** → If he had been rich,

Grammar for 서술형 기본·심화 문제 풀기

A 기본 주어진 단어를 활용하여 문장을 완성하시오.

보기

catch

clean

travel

wear

answer

1 | If I cleaned my room, | I might find the key.

만약 내가 내 방을 청소한다면, 그 열쇠를 찾을지도 모를 텐데.

2 If I had read the book, | |

만약 내가 그 책을 읽었다면, 그 질문에 대답할 수 있었을 텐데. (could)

3 | | I could have read the message on the screen.

만약 내가 안경을 썼었다면, 화면의 그 메시지를 읽을 수 있었을 텐데.

4 If I arrived on time, | |

만약 내가 제 시간에 도착한다면, 그 버스를 탈 수 있을 텐데. (could)

5 | | I would have met you.

만약 내가 서울로 여행을 갔었다면, 너를 만났었을 텐데.

B 심화 우리말에 맞도록 문장을 쓰시오.

1 만약 내가 수학을 잘한다면,
너를 도와줄 텐데.

만약 내가 수학을 잘했다면,
너를 도와주었을 텐데.

(would) → If I were good at math, I would help you.

2 만약 내가 그의 주소를 안다면,
너에게 말해줄지도 모를 텐데.

만약 내가 그의 주소를 알고 있었다면
너에게 말해주었을지도 모를 텐데.

(might) →

3 만약 내가 충분한 시간이 있다면,
너를 방문할 수 있을 텐데.

만약 내가 충분한 시간이 있었다면,
너를 방문할 수 있었을 텐데.

(could) →

4 만약 내가 운동을 한다면,
체중이 줄어들 텐데.

만약 내가 운동을 했었다면,
체중이 줄어들었을 텐데.

(do exercise,
would) →

문법이 쓰기다 서술형

Part 9에 나오는 문장 정리

1. 그는 신문을 읽기 전에, 조깅을 한다. (before)

→ _____ ,

   he goes jogging.

2. 나는 감기에 걸렸기 때문에, 의사를 보러 갔다. (because)

→ _____ ,

   I went to see a doctor.

3. 나는 영어뿐 아니라 한국어도 한다. (not only, but also)

→ I speak _____

   _____ .

4. 나는 영어뿐 아니라 한국어도 한다. (as well as)

→ I speak _____

   _____ .

5. 만약 내가 수학을 잘한다면, 너를 도와줄 텐데.

→ If I _____

   _____ .

6. 만약 내가 수학을 잘했다면, 너를 도와주었을 텐데.

→ If I _____

   _____ .

1. 부사절 접속사

문장과 문장을 연결해주며, 앞 또는 뒤에 오는 문장을 보충 설명하는 것을 **부사절 접속사**라고 한다.

시간	**When** it rains,	비가 올 때,	**While** it is raining,	비가 내리는 동안,
	Before it rains,	비가 내리기 전에,	**After** it rains,	비가 내린 후에,
이유	**Because** it rains,	비가 내리기 때문에,	**As** it rains,	비가 내리기 때문에
조건	**If** you leave early,	일찍 출발한다면,	**Unless** you leave early,	일찍 출발하지 않는다면,

2. 상관접속사와 that의 쓰임

상관접속사는 두 단어 이상이 모여 특정 의미를 나타내며, 동등한 두 대상을 연결한다.

상관접속사			다양한 that의 쓰임
either you **or** <u>she</u> 너 혹은 그녀가	접 속 사	주어	**That** she keeps a diary is great. = It is great **that** she keeps a diary.
both you **and** she 너와 그녀 모두		목적어	I know **that** she keeps a diary.
not only you **but also** <u>she</u> 너뿐 아니라 그녀도		보어	The point is **that** she keeps a diary.
<u>she</u> **as well as** you 너뿐 아니라 그녀도	동격		They know <u>the fact</u> **that** she keeps a diary.

문제로 정리

① If / Unless   you want to do it, let me know.   네가 그것을 하고 싶지 않다면, 내게 알려 줘.

② If / Unless   you want to do it, let me know.   네가 그것을 하고 싶다면, 내게 알려 줘.

3. 가정법

현재 사실의 반대를 가정할 때는 **가정법 과거**로, 과거 사실의 반대를 가정할 때는 **가정법 과거완료**를 쓴다.

가정법 과거	**If + 주어 + 동사 과거 ~,**		**주어 + 조동사 과거 + 동사원형 ~.**	
	If I were you, I would call him.		만약 내가 너라면, 그에게 전화할 텐데.	
가정법 과거완료	**If + 주어 + had + 과거분사 ~,**		**주어 + 조동사 과거 + have + 과거분사 ~.**	
	If I had been you, I would have called him.		만약 내가 너였다면, 그에게 전화했었을 텐데.	

문제로 정리

③ If I   cleaned / had cleaned   my room, I might find the key.

만약 내가 내 방을 청소한다면, 그 열쇠를 찾을지도 모를 텐데.

④ If I   cleaned / had cleaned   my room, I might have found the key.

만약 내가 내 방을 청소했다면, 그 열쇠를 찾았을지도 모를 텐데.

문제로 정리 ① Unless ② If ③ cleaned ④ had cleaned

 문장 정리 1. Before he reads a newspaper, he goes jogging. 2. Because I caught a cold, I went to see a doctor. 3. I speak not only English but also Korean. 4. I speak Korean as well as English. 5. If I were good at math, I would help you. 6. If I had been good at math, I would have helped you.

서술형, 수행 평가를 위한 조언

다양한 문장에서 활용할 수 있는 대명사
와, 의문문이 문장의 일부가 되거나 문장
마지막에 덧붙여지는 경우를 주의 깊게
살펴보고 문장으로 써보는 연습을 한다.

서술형 수행평가 완벽 대비

PART 10
자주 쓰는 표현

구성과 교과서 연계

Unit 1 대명사	천재(김) 3과, 두산(이) 1과
Unit 2 간접의문문과 부가의문문	천재(이) 1과, 비상(이) 9과
문법 마무리	

✓ 중학 문법이 쓰기다 연계

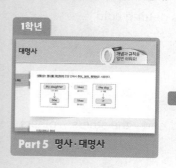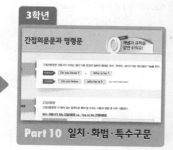

그 개를 좀 봐. 그것은 무서워 보여.

○→ 앞 문장의 the dog를 지칭

Look at the dog. It looks scary.

Check ① 지시대명사 **it**은 정해진 대상을 지칭할 때 사용하고, **비인칭 주어 · 가주어 it**은 특정한 의미 없이 주어 자리를 채울 때 사용한다.
Check ② 가리키는 대상이 확실이 정해지지 않을 때 **부정대명사 one, the other** 등으로도 나타낼 수 있다.
Check ③ '~자신, ~스스로'를 나타내는 **재귀대명사**는, 주어와 목적어가 가리키는 대상이 같을 때 쓴다.

| One | is black, | and | the other | is white. | (둘 중에) 하나는 검은색이고, 다른 하나는 하얀색이다. |

| I | introduced | myself. | 나는 나 자신을 소개했다. |

○→ 목적어 자리에 쓰인 재귀대명사는 생략 불가

it vs. one: (같은 종류이지만) 정해지지 않은 대상을 뜻하는 부정대명사는 one을 쓴다.
He has a ring. I want to buy **one**, too. ←

	지시대명사	He has a ring. **It** looks great.	앞의 명사(a ring)를 지칭
it의 쓰임	비인칭 주어	**It** is cold.	날씨, 시간, 요일, 거리 등을 표현할 때 사용
	가주어	**It** is necessary to set a goal.	to부정사의 가주어 it

재귀대명사	I - myself (나 자신) you - yourself (너 자신) he/she - himself/herself (그/그녀 자신) it - itself (그것 자체)	we - ourselves (우리 자신) you - yourselves (너희 자신) they - themselves (그들 자신)

부정대명사	두 개	one　　the other
	세 개	one　　another　　the other
	여러 개	some　　the others (나머지 전부)

* 전체 수가 불명확하면 some과 others를 사용한다.
(some과 others를 제외하고도 남은 것들이 있다.)

💬 Grammar 비교하며 익히기 ▪ 우리말에 맞게 고르시오.

1 그것은 / 보인다 / 귀여운.

She has a watch. One /(It)looks cute.

나도 / 필요로 한다 / (시계) 하나를.

She has a watch. I need one / it , too.

2 ~이다 / 필요한 / 목표를 정하는 것은.

It / one is necessary to set a goal.

날씨가 / 점점 ~해진다 / 추운.

It / one is getting cold.

3 (5개 중) 몇 개는 붉은 색이고, 나머지 전부는 하얀색이다.

Some are red, and the others / others are white.

(많은 것들 중) 몇 개는 붉은 색이고, 다른 것들은 하얀색이다.

Some are red, and the others / others are white.

4 Ron은 / 항상 칭찬한다 / 그 스스로를.

Ron always praises himself / him .

그의 엄마는 / 항상 칭찬한다 / 그를.

His mom always praises himself / him .

Sentence 비교하며 써보기

✏ 우리말에 맞게 문장을 완성하시오.

1 오늘 날씨가 덥다.

It is hot today.

운전을 안전하게 하는 것은 중요하다.

_____

2 그는 새 차를 가지고 있다. 그것은 멋져 보인다.

He has a new car. _____

그는 새 차를 가지고 있다. 나도 (차) 한 대를 살 것이다.

He has a new car. _____, too.

3 그녀는 그들에게 그녀 자신을 소개했다.

_____ to them.

그는 그들에게 그녀를 소개했다.

_____ to them.

4 그들은 항상 우리를 믿어야 한다. (should)

_____ all the time.

우리는 항상 우리 스스로를 믿어야 한다. (should)

_____ all the time.

5 두 남자가 있다. 한 명은 의사이고, 다른 한 명은 자동차경주 선수이다.

There are two men. _____

세 남자가 있다. 한 명은 의사, 다른 한 명은 자동차경주 선수, 그리고 나머지 한 명은 교사이다.

There are three men. _____

6 일곱 개 원들이 있다. 몇 개는 빨간색이고, 나머지 전부는 파란색이다.

There are seven circles. _____

많은 원들이 있다. 몇 개는 빨간색이고, 다른 것들은 파란색이다.

There are many circles. _____

수행평가 SENTENCE WRITING

■ 다음 영어 문장에 이어질 말을 우리말에 맞게 쓰시오.

① There are many animals in the pet shop.

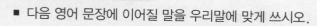
Some are dogs, and others are cats.

몇 마리는 개이고, 다른 것들은 고양이이다.

② There are five animals in the pet shop.

_____

몇 마리는 개이고, 나머지 전부는 고양이이다.

③ There are two animals in the pet shop.

_____

한 마리는 개이고, 다른 하나는 고양이이다.

Grammar Point 기초 대명사와 부정대명사

■ 우리말에 맞도록 빈칸에 알맞게 쓰시오.

it vs. one	He showed me a watch. [It] looks cute.	그것은 귀여워 보인다.
	He showed me a watch. I will buy [ ], too.	나도 (시계) 하나를 살 것이다.
부정대명사	[ ] is blue, [ ] is orange, and [ ] is gray.	(셋 중에) 하나는 파란색, 다른 하나는 주황색, 나머지 하나는 회색이다.
재귀대명사	I introduced [ ].	나는 나 자신을 소개했다.

→ it의 쓰임과 정해지지 않은 대상을 가리키는 부정대명사, 그리고 재귀대명사의 쓰임을 이해한다

Grammar for Writing 문장 쓰기

■ 주어진 단어들을 활용하여 우리말에 맞도록 빈칸에 알맞게 쓰시오.

1 밖에 비가 내리고 있어.   **rain** → [It is raining] outside.

2 그는 멋진 가방을 가지고 있다. 그 가방은 굉장히 작아 보인다.   **look** → He has a nice bag. [ ]

3 그는 멋진 가방을 가지고 있다. 나도 (가방) 하나를 살 것이다.   **buy** → He has a nice bag. [ ] too.

4 (둘 중) 하나는 파란색이고, 다른 하나는 주황색이다.   **orange** → One is blue, and [ ]

5 (많은 사람들 중) 몇 명은 의사이고, 다른 이들은 자동차경주 선수이다.   **doctor** → [ ] and others are car racers.

6 (세 명 중) 한 명은 사과를, 다른 한 명은 배를, 나머지 한 명은 오렌지를 좋아한다.   **pears** → One likes apples, [ ] and the other likes oranges.

7 우리는 스스로를 믿어야 한다.   **trust** → We should [ ]

8 그는 거울에 비친 그 자신을 봤다.   **see** → [ ] in the mirror.

9 그들은 스스로를 존중하는 것을 배웠다.   **respect** → They [ ]

Grammar for 서술형 기본·심화 문제 풀기

A 기본　우리말에 맞게 다음 문장에서 틀린 부분을 찾고 문장을 다시 쓰시오.

1 (I have two scarves.)
One is red, and another is white.

→ One is red, and the other is white.

하나는 빨간색이고, 다른 하나는 하얀색이다.

2 (There are three men.)
One is an astronaut, another is a car racer, and others is a teacher.

→

한 명은 우주비행사, 다른 한 명은 자동차경주 선수, 그리고 나머지 한 명은 교사이다.

3 She introduced himself to them.

→

그녀는 그들에게 그녀 자신을 소개했다.

4 We should try to understand themselves.

→

우리는 우리 스스로를 이해하려고 노력해야 한다.

5 One is dangerous to drive at night.

→

밤에 운전하는 것은 위험하다.

6 That is not easy to learn English.

→

영어를 배우는 것은 쉽지 않다.

B 심화　우리말에 맞게 다음에서 틀린 부분을 모두 찾아 고치시오.

There are twenty students in this classroom. Today, they are going to go on a field trip. So, one is not necessary to wear a uniform. Some students wear uniforms, and another don't.

이 교실에 스무 명의 학생들이 있다. 오늘 그들은 현장 학습을 갈 것이다. 그래서, 유니폼을 입는 것이 필요하지 않다. 몇몇 학생들은 교복을 입고 있고, 나머지 전부는(학생들은) 입고 있지 않다.

1

2

너는 그가 누구인지 알고 있니?

Do you know who he is? ❶

Check ❶ 의문문이 다른 문장과 결합하면서 다른 문장의 일부로 쓰이는 것을 **간접의문문**이라 한다.
Check ❷ 부가의문문은 '그렇지 않니?'와 같이 문장 맨 뒤에 덧붙여 **동의를 구하거나 확인을 할 때** 사용한다.

❍ → I don't know. + why is he shouting?

I don't know **why he is shouting.**   나는 그가 왜 소리를 지르고 있는지 모른다.

She is a writer, **isn't she?** ❷   그녀는 작가야, 그렇지 않니?

부가의문문

→ 평서문이나 명령문 뒤에 붙이는 의문 표현으로, 앞문장이 긍정이면 부가의문문은 **부정**을, 부정이면 부가의문문은 **긍정**을 쓴다. 부가의문문의 **주어**는 **대명사**로 만든다.

	평서문/의문문	+ 의문사 + 주어 + 동사
간접의문문	Do you know	what he likes?
	너는 그가 무엇을 좋아하는 지 알고 있니?	
부가의문문	평서문(긍정문),	+ 부정 축약형 + 인칭대명사?
	You have a child,	don't you?
	너는 아이가 있어,	그렇지 않니?
	평서문(부정문),	+ 긍정형 + 인칭대명사?
	It is not a good habit,	is it?
	그것은 좋은 습관이 아니야,	그렇지?

✅ Grammar 비교하며 익히기 ▪ 우리말에 맞게 고르시오.

1 그는 누구니?

Who [he is / (is he)] ?

나는 그가 누구인지 모른다.

I don't know who [he is / is he] .

2 그는 일요일마다 어디에 가니?

Where [he goes / does he go] on Sundays?

너는 그가 어디에 가는지 알고 있니?

Do you know where [he goes / does he go] ?

3 그녀는 무엇을 원하니?

What [does she want / she wants] ?

너는 그녀가 무엇을 원하는지 알고 있니?

Do you know what [does she want / she wants] ?

4 Amy는 성실한 사람이야, 그렇지 않니?

Amy is a diligent person, [is she / isn't she] ?

Amy는 성실한 사람이 아니야, 그렇지?

Amy isn't a diligent person, [is she / isn't she] ?

5 그는 요리하는 것을 좋아하지, 그렇지 않니?

He likes cooking, [does he / doesn't he] ?

그는 요리하는 것을 좋아하지 않아, 그렇지?

He doesn't like cooking, [does he / doesn't he] ?

Sentence 비교하며 써보기

다음 동사들을 활용하여 우리말에 맞게 간접의문문과 부가의문문 문장을 완성하시오.

1

When does the concert start?

그 콘서트가 언제 시작하니?

I don't know _____

나는 언제 그 콘서트가 시작하는지 모른다.

start

2

_____

그는 왜 집을 일찍 떠나니?

Do you know _____

너는 그가 왜 집을 일찍 떠나는지 알고 있니?

leave

3

_____

그녀는 왜 늦니?

I don't know _____

나는 그녀가 왜 늦는지 모른다.

be

4

_____

그는 어디에 사니?

Do you know _____

너는 그가 어디에 사는지 알고 있니?

live

5

Kim and Liam _____

Kim과 Liam은 준비가 되어 있지 않아, 그렇지?

Kim and Liam _____

Kim과 Liam은 준비가 되어 있어, 그렇지 않니?

be

6

Grace _____

Grace는 그 불을 내지 않았어, 그랬지?

Grace _____

Grace는 그 불을 냈어, 그랬지 않니?

cause

7

Amy _____

Amy는 네 주소를 알고 있어, 그렇지 않니?

Amy _____

Amy는 네 주소를 알고 있지 않아, 그렇지?

know

수행평가 SENTENCE WRITING

■ 다음 대화를 읽고 주어진 단어들을 활용하여 우리말에 맞게 문장을 쓰시오.

A: ① 오늘은 Anna의 생일이야, 그렇지 않니?

B: Yes, it is.
　② 너는 그녀가 무엇이 필요한지(need) 알고 있니?

A: ③ 그녀는 책을 읽는 것을 좋아하지(like, reading), 그렇지 않니?

B: Oh, yes. Then I will buy her books.

① <u>Today is Anna's birthday, isn't it?</u>

② _____

③ _____

Grammar Point 기초 간접의문문과 부가의문문

▪ 우리말에 맞도록 빈칸에 알맞게 쓰시오.

간접의문문	I don't know. + Why is he shouting? → _____	나는 그가 왜 소리를 지르고 있는지 모른다.
부가의문문	You have a child, _____	너는 아이가 있어, 그렇지 않니?
	It is not a good habit, _____	그것은 좋은 습관이 아니야, 그렇지?

→ 의문문이 다른 문장의 일부로 쓰이는 간접의문문과, 문장 뒤에 덧붙이는 부가의문문의 형태와 어순을 유의한다.

Grammar for Writing 문장 쓰기

▪ 주어진 단어들을 활용하여 우리말에 맞도록 빈칸에 알맞게 쓰시오.

1 나는 그가 누군지 모른다.　who　→ I don't know　who he is.

2 나는 그들이 누군지 모른다.　who　→ I don't know

3 그녀가 원하는 게 무엇인지 너는 알고 있니?　what　→ Do you know

4 너는 그가 어디에 가는지 알고 있니?　where　→ Do you know

5 너는 그들이 왜 여기를 떠나는지 알고 있니?　why　→ Do you know

6 John은 한국인이지, 그렇지 않니?　Korean　→ John

7 그들은 학생이었지, 그랬지 않니?　students　→ They

8 그녀는 작가가 아니지, 그렇지?　a writer　→ She

9 그는 요리를 좋아하지 않았어, 그랬지?　like　→ He

10 그는 휴대전화를 가지고 있지 않지, 그렇지?　have　→ He

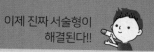

Grammar for 서술형 기본·심화 문제 풀기

A 기본 주어진 단어들을 활용하여 문장을 완성하시오.

보기

delay

be

start

drive

go

1 I don't know | when her birthday is.

나는 그녀의 생일이 언제인지 모른다.

2 I don't know |

나는 그녀가 어떻게 학교에 가는지 모른다.

3 Mia and Liam |

Mia와 Liam은 운전을 하지 않아, 그렇지?

4 I don't know |

나는 언제 그 콘서트가 시작하는지 모른다.

5 James |

James는 그의 여행을 미뤘지, 그랬지 않았니?

B 심화 우리말에 맞도록 문장을 쓰시오.

1 너는 그녀가 왜 늦는지 알고 있니?   → Do you know why she is late?

그녀가 왜 늦니?   →

2 그는 어디에 사니?   →

너는 그가 어디에 사는지 알고 있니?   →

3 너는 준비가 되어 있었어, 그랬지 않았니?   →

너는 준비가 되어 있지 않았어, 그랬지?   →

4 Kate는 피아노를 매일 연주해, 그렇지 않니?   →

Kate는 피아노를 매일 연주하지 않아, 그렇지?   →

Part 10에 나오는 문장 정리

1. 그는 새 차를 가지고 있다. 그것은 멋져 보인다. (nice)

→ He has a new car. _____
_____.

2. 목표를 정하는 것은 필요하다. (it)

→ _____ a goal.

3. (5마리 동물들 중) 몇 마리는 개이고, 나머지 전부는 고양이이다.

→ _____.

4. 그녀는 그들에게 그녀 자신을 소개했다.

→ She _____.

5. 너는 그가 어디에 가는지 알고 있니?

→ Do you _____?

6. Amy는 성실한 사람이야, 그렇지 않니?

→ Amy is _____?

7. Amy는 성실한 사람이 아니야, 그렇지?

→ Amy isn't _____?

1. 대명사

it 의 쓰임	**[지시대명사: 정해진 대상을 지칭]** He has a ring. **It** looks great. → 앞의 명사(**a ring**)를 지칭 * it vs. one : (같은 종류이지만) 정해지지 않은 대상을 뜻하는 부정대명사 one
	[비인칭 주어: 날씨, 시간, 요일 등을 표현] It is cold.
	[가주어] It is necessary to set a goal. → **to**부정사의 가주어

정해지지 않은 대상은 **부정대명사**로도 나타낼 수 있다.
'~자신, ~스스로'를 나타내는 **재귀대명사**는 주어와 목적어가 가리키는 대상이 같을 때 쓴다.

부정대명사	두 개	● ● one the other	여러 개	●● ● ● ● some the others (나머지 전부)
	세 개	● ● ● one another the other		* 전체 수가 불명확하면 some과 others를 사용 (some과 others를 제외하고도 남은 것들이 있다.)

재귀대명사	I - myself (나 자신) you - yourself (너 자신) he/she - himself/herself (그/그녀 자신) it - itself (그것 자체)	we - ourselves (우리 자신) you - yourselves (너희 자신) they - themselves (그들 자신)

문제로 정리

① Some are red, and the others / others are white.

(5개 중) 몇 개는 붉은 색이고, 나머지 전부는 하얀색이다.

2. 간접의문문과 부가의문문

간접의문문은 의문문이 다른 문장과 결합하면서 다른 문장의 일부로 쓰이는 것이다.
부가의문문은 문장 맨 뒤에 덧붙여 동의를 구하거나 확인을 할 때 사용한다.

간접의문문	Do you know? + What does he like? → Do you know **what he likes?** (의문사 + 주어 + 동사)	너는 그가 무엇을 좋아하는 지 알고 있니?
부가의문문	You have a child, **don't you?** 평서문(긍정문) (부정 축약형 + 인칭대명사)	그렇지 않니?
	It is not a good habit, **is it?** 평서문(부정문) (긍정형 + 인칭대명사)	그렇지?

* 앞문장이 긍정이면 부가의문문은 부정을, 부정이면 부가의문문은 긍정을 쓴다. 부가의문문의 주어는 대명사로 만든다.

문제로 정리

② Kate knows your address, does she / doesn't she ? Kate는 네 주소를 알고 있어, 그렇

③ Kate doesn't know your address, does she / doesn't she ? Kate는 네 주소를 알고 있지 않아

문제로 정리 ① the others ② doesn't she ③ does she

문장 정리 1. It looks nice. 2. It is necessary to set a goal. 3. Some are dogs, and the others are cats. 4. She introduced herself to them. 5. Do you know where he goes? 6. Amy is a diligent person, isn't she? 7. Amy isn't a diligent person, is she?

중학 영문법

문법이 쓰기다

2학년

정답 및 해설

서술형
집중훈련

교육 R&D에 앞서가는
Key 키출판사

★ 중학 영문법

문법이 쓰기다

2학년

정답 및 해설

서술형
집중훈련

Unit 01 1, 2, 3형식 문장

Grammar 비교하며 익히기 ············· p.10

❶ anxious / happy
❷ cold / hot
❸ the park / for the park
❹ the experiment / with a joke
❺ at 12 / his speech

Sentence 비교하며 써보기 ············· p.11

❶ looks tired / looks hungry
❷ turns cool in fall / turn red in fall
❸ seems rich / seems poor
❹ play with their friends every day / play the piano every day
❺ moved the door / moved toward the door
❻ returned the books / returned to the school
❼ began her class / began at 9

수행평가 SENTENCE WRITING

❶ The weather gets warm
❷ The weather stays warm
❸ He walked his dog
❹ He walked along the street.

> ❶ 동사 get은 '(어떤 상태가) 되다'라는 뜻으로, 2형식 문장 안에서 보어로 형용사 warm을 취했다.
> ❷ 동사 stay는 '(어떤 상태를) 유지하다' 의미로, 2형식 문장에서 형용사 보어를 사용했다.
> ❸ 3형식 문장에서 동사 walk 뒤에 목적어 his dog을 취했다.
> ❹ 1형식 문장으로, 동사 walk 뒤에 [전치사 + 명사]가 왔다.

서술형 총정리 p.12-13

Grammar Point 기초

tastes salty / looks delicious / left for the building / left the building

Grammar for Writing 문장 쓰기

❶ tastes delicious
❷ seems nervous today
❸ sounds familiar
❹ looks pretty

❺ started the experiment
❻ left for the school
❼ returned the books
❽ moved toward the door
❾ began his class
❿ play the piano every day

Grammar for 서술형

✔ 기본

❶ She looks anxious.
❷ They seem happy.
❸ She moved the door.
❹ They played with their friends.
❺ They returned to the school.
❻ It sounds strange.

✔ 심화

❶ started a joke → started with a joke
❷ excitedly → excited

Unit 02 4형식 문장

Grammar 비교하며 익히기 ············· p.14

❶ you a pot / you a little dog
❷ me a bill / me a raincoat
❸ her his car / her his laptop
❹ him chopsticks / him backpacks
❺ me a book / me a magazine

Sentence 비교하며 써보기 ············· p.15

❶ asked him a question / asked a question of him
❷ sent me a letter / sent a letter to me
❸ teach them science / teach science to them
❹ lent you some plates / lent some plates to you
❺ got her frying pans / got frying pans for her
❻ made me soup / made soup for me
❼ showed me a picture / showed a picture to me

수행평가 SENTENCE WRITING

1. passed me a postcard / passed a postcard to me
   나에게 엽서를 건네 주었다
2. found her a toy car / found a toy car for her
   그녀에게 장난감 자동차를 찾아 주었다

> 1. 4형식 문장에서 동사 pass는 간접목적어 me와 직접목적어 a postcard를 가진 문장이다. 3형식 문장으로 전환 시 전치사 to를 사용한다.
> 2. 동사 find 뒤에 간접목적어 her과 직접목적어 a toy car를 써서 4형식 문장을 완성했다. 또한, 3형식으로 전환할 때 전치사 for를 사용한다.

서술형 총정리

p.16-17

Grammar Point 기초

you this cellphone / her a cake / a cake, her

Grammar for Writing 문장 쓰기

1. me a bill
2. her backpacks
3. us science
4. me a little dog
5. them maple trees
6. documents to him
7. storybooks for him
8. something to you
9. some plates for you

Grammar for 서술형

✔ 기본

1. found her a toy car
2. asked him a question
3. lent me his laptop
4. got him a raincoat
5. passed me a postcard

✔ 심화

1. He gave a chance to you.
2. You bought a cup of coffee for me.
3. Someone sent gifts to you.
4. I showed new cellphones to him.
5. You made wooden chopsticks for him.
6. She asked a question of him.

Unit 03 5형식 문장

Grammar 비교하며 익히기 ⋯⋯⋯⋯⋯⋯ p.18

1. him cook / him play
2. them sitting / them smiling
3. him shouting / him singing
4. her accept / her come
5. him stay / him clean

Sentence 비교하며 써보기 ⋯⋯⋯⋯⋯⋯ p.19

1. heard you cry last night / heard you shout last night
2. saw them raise their hands / saw them smile
3. listened to her singing / listened to her sing
4. watched Jessy enter the library / watched Jessy entering the library
5. had him repair my computer / had him attend the concert
6. let me bring my pens / let me go out for dinner
7. made her visit the place / made her clean the room

수행평가 SENTENCE WRITING

1. my mom made me stay at home
2. She had me take the medicine.
3. She made me go to bed early.

> 1.2.3. 5형식 사역동사 문장에서 목적어 뒤 목적격 보어로 동사원형을 취할 수 있다.

서술형 총정리

p.20-21

Grammar Point 기초

saw, leave / saw, leaving / clean / made, cry

Grammar for Writing 문장 쓰기

1. heard me speak loudly
2. listen to her sing every day
3. smelled cookies burning
4. saw him swimming
5. heard someone shouting
6. saw a thief running away

❼ made me paint the wall
❽ let me bring my cups
❾ had him repair my car
❿ had him attend the event

Grammar for 서술형

✔ 기본

❶ I watched him <u>cook</u> in the kitchen.

❷ My parents let me <u>go</u> out for dinner.
❸ He felt something <u>moving</u>.
❹ We made them <u>buy</u> enough food.
❺ She had us <u>move</u> the chairs.
❻ I saw him <u>sleeping</u>.

✔ 심화

❶ to cry → crying
❷ to stay → stay

PART 02 시제

Unit 01 ▶ 진행시제

Grammar 비교하며 익히기 · · · · · · · · · · · · · · · p.24

❶ helps / is helping
❷ are playing / play
❸ boils / is boiling
❹ was watching / watched
❺ traveled / were traveling

Sentence 비교하며 써보기 · · · · · · · · · · · · · · · p.25

❶ often wash my dad's car / am washing my dad's car
❷ flows to the sea / is flowing to the sea
❸ usually watch a movie on TV / am watching a movie on TV
❹ often chat about the trip / are chatting about the trip now
❺ ran on the grass / were running on the grass
❻ was going to the museum yesterday / went to the museum yesterday
❼ listened to loud music last night / was listening to loud music last night

수행평가 SENTENCE WRITING

❶ was making lunch
❷ am drawing a picture
❸ were coming to my house

❹ are talking about my picture

① yesterday는 과거 시점을 나타내므로 과거진행 시제를 써야한다. 주어가 I이므로 be동사는 was를 쓴다.
② now는 지금을 뜻하므로 현재진행 시제를 쓴다. 주어 I는 be동사 am을 취한다.
③ 부사 yesterday가 있으므로 과거진행 시제를 쓰며, 주어 they에는 be동사 were을 쓴다.
④ now에 맞는 진행 시제는 현재진행 시제이며, 주어 they 뒤에 be동사 are을 써서 나타낸다.

서술형 총정리 · · · · · · · · · · · · · · · · · · p.26-27

Grammar Point 기초

go to school / am going to school / rowed / was rowing

Grammar for Writing 문장 쓰기

❶ I am doing
❷ She is rowing
❸ He is helping
❹ They are playing
❺ I am washing
❻ She was going
❼ They were traveling
❽ We were running

⑨ We were talking
⑩ She was traveling

Grammar for 서술형

✔ 기본

❶ are playing chess now
❷ am looking for my brother
❸ was making some cookies
❹ was listening to loud music
❺ was watching a movie yesterday

✔ 심화

❶ Water boils at 100°C. / Water is boiling on the stove.
❷ I read a book. / I was reading a book.
❸ Water flows to the sea. / The water is flowing to the sea.
❹ I drew a square. / I was drawing a square.

Unit 02 현재완료시제

Grammar 비교하며 익히기 ·········· p.28

❶ have met / met
❷ worked / have worked
❸ have lived / lived
❹ learned / have learned
❺ finished / have just finished

Sentence 비교하며 써보기 ················· p.29

❶ taught English last year / has taught English for 4 years
❷ have lived in Seoul for 3 years / lived in Seoul last year
❸ was sick yesterday / have been sick since yesterday
❹ has just completed the project / completed the project two days ago
❺ has built a wooden house before / built a wooden house last year

---

⑥ finished my homework yesterday / have just finished my homework
⑦ have just washed your car / washed your car last weekend

수행평가 SENTENCE WRITING

❶ lived in Canada / have lived in Canada
❷ stayed here / has stayed here

❶ 부사 last year는 과거시제를 나타내므로, 과거시제 문장을 써야 한다. since last year 문장은 과거의 일이 현재까지 지속되는 것을 나타내므로 현재완료시제 문장을 쓴다. 주어가 they이므로 [have + 과거분사]로 쓴다.
❷ last week은 과거시제를 나타내므로 과거시제 문장을 쓴다. since last week은 현재완료 시제를 나타내는 힌트이며, 주어가 3인칭 단수이므로 [has + 과거분사]로 쓴다.

서술형 총정리   p.30-31

Grammar Point 기초

stayed / have stayed / read / has read

Grammar for Writing 문장 쓰기

❶ I have met
❷ I have worked
❸ He has just finished
❹ I have taught
❺ We have known
❻ They have lived
❼ I have just arrived
❽ Bill has read
❾ They have seen
❿ I have visited

Grammar for 서술형

✔ 기본

❶ have, arrived at the hotel
❷ has taught English to us for 4 years
❸ met him two days ago
❹ worked at the company last year

✔ 심화

① I lived in Busan last year. / I have lived in Busan since last year.

② I finished my homework an hour ago. / I have just finished my homework.

③ I played chess last week. / I have played chess once.

④ I stayed here last week. / I have stayed here for two weeks.

⑤ She was sick last Sunday. / She has been sick since last Sunday.

Unit 03 ▶ 현재완료 부정문과 의문문

Grammar 비교하며 익히기 ·················· p.32

① have played / have not played

② has, arrived / has not arrived

③ have lost / Have, lost

④ has heard / Has, heard

⑤ have used / Have, used

Sentence 비교하며 써보기 ·················· p.33

① He has been / He has not been

② I have seen / I have not seen

③ She has met / She has not met

④ We have read / We have not read

⑤ They have worked here / Have they worked here

⑥ I have visited / Have you visited

⑦ She has read / Has she read

수행평가 SENTENCE WRITING

① Have you seen Miya in Korea?

② My friends have not seen her

③ Has she stayed at the K Hotel?

④ She has stayed at the Hilton Hotel.

---

① 현재완료시제 의문문은 have를 주어 you 앞에 써서 나타낸다.

② 현재완료시제 부정문은 have(has)와 과거분사 사이에 not을 써서 나타낸다.

③ 현재완료시제 의문문 주어가 she이므로 has를 문장 제일 앞에 쓴다.

④ 과거의 일이 현재까지 영향을 미치는 현재완료시제 긍정문이다.

서술형 총정리 p.34-35

Grammar Point 기초

met him / have not met him / Have you met him

Grammar for Writing 문장 쓰기

① I have not arrived

② I have not been

③ She has not lost

④ I have not heard

⑤ We have not had

⑥ Have you read

⑦ Have they stayed

⑧ Have you heard

⑨ Has he checked

⑩ Have they been

Grammar for 서술형

✔ 기본

① have not changed my decision

② have not been to Asia

③ have not talked much

④ Has, visited Han River Park?

⑤ Have, seen my cellphone?

✔ 심화

① He has already completed the project. / He has not completed the project yet.

② They have seen his car once. / They have not seen his car yet.

③ I have played soccer before. / Have you played soccer before?

④ I have used wooden chopsticks before. / Have you used wooden chopsticks before?

⑤ I have already had lunch. / Have you had lunch today?

Unit 01 조동사 can과 may

Grammar 비교하며 익히기 · · · · · · · · · · · · · · p.38

❶ can read / can't read ❷ can drive / can't drive
❸ can borrow / can't borrow
❹ may not call / may call ❺ may not do / may do

Sentence 비교하며 써보기 · · · · · · · · · · · · · · p.39

❶ can swim / can't swim
❷ can donate the old toys / can't donate the old toys
❸ may look interesting / may not look interesting
❹ may use my dictionary / may not use my dictionary
❺ can drop by your school tomorrow / can't drop by your school tomorrow
❻ can eat this cake now / can't eat this cake now
❼ may join his club / may not join his club

수행평가 SENTENCE WRITING

❶ may / You may take pictures in this museum.
❷ can / You can use my computer.
❸ may not / You may not talk loudly here.

> ❶ 조동사 may는 동사에 허락의 의미를 더해줄 수 있다. 조동사 뒤에는 동사원형이 온다.
> ❷ 조동사 can도 '~해도 된다' 허락의 의미를 나타낼 수 있다.
> ❸ '~하면 안 된다'를 허락 may의 부정인 may not으로 나타낼 수 있다.

서술형 총정리 · · · · · · · · · · · · · · p.40-41

Grammar Point 기초

can drive a car / can't drive a car / may need this / may not need this

Grammar for Writing 문장 쓰기

❶ He may be ❷ I can read
❸ You may know ❹ You can take
❺ You may use ❻ You can't buy
❼ You can't borrow ❽ She can't speak
❾ You may not do ❿ He may not come

Grammar for 서술형

✔ 기본

❶ can eat this cake now
❷ can't go there alone
❸ may need his phone number
❹ may know his name
❺ may want to join your movie club
❻ may not use my dictionary

✔ 심화

❶ You can donate the old toys. / You can't donate the old toys.
❷ It may look interesting. / It may not look interesting.
❸ You can borrow these books this week. / You can't borrow these books this week.
❹ It may rain tomorrow. / It may not rain tomorrow.

Unit 02 조동사 must와 have to

Grammar 비교하며 익히기 · · · · · · · · · · · · · · p.42

❶ must / can't ❷ can't / must
❸ must / must not ❹ must not / has to
❺ must not / don't have to

Sentence 비교하며 써보기 · · · · · · · · · · · · · · p.43

❶ have to leave the door open / must not leave the door open
❷ must use it now / must not use it now
❸ must not go there now / don't have to go there now
❹ has to pay him money / doesn't have to pay him money
❺ must be tired / can't be tired
❻ must turn down the offer / must not turn down the offer
❼ have to accept his invitation / must not accept his invitation

수행평가 SENTENCE WRITING

❶ You have to wake up early tomorrow.
❷ You don't have to bring an umbrella.
❸ You must not be late for the meeting.

> ❶ have to는 의무 '〜해야 한다'의 뜻을 나타낼 수 있다. 조동사 뒤에 동사원형을 취한다.
> ❷ don't have to는 '〜할 필요가 없다'는 뜻으로 불필요를 나타낸다.
> ❸ must not은 의무의 부정으로 금지를 나타낼 수 있다.

서술형 총정리   p.44-45

Grammar Point 기초

must be sleepy / can't be sleepy / has to clean here / doesn't have to clean here

Grammar for Writing 문장 쓰기

❶ She must be tired.
❷ He must be late.
❸ He must take
❹ Nadia has to write
❺ You have to answer
❻ He can't be curious
❼ He can't be happy.
❽ You must not bring
❾ You don't have to leave
❿ I don't have to pay

Grammar for 서술형

✔ 기본

❶ have to leave the door open
❷ has to cancel the order
❸ can't be Chinese
❹ must practice it every night
❺ don't have to wait for me
❻ must not enter the parking lot

✔ 심화

❶ He must be tired. / He can't be tired.
❷ She has to leave here early. / She must not leave here early.
❸ You don't have to bring the uniform. / You have to bring the uniform.
❹ I must accept the offer. / I must not accept the offer.

Unit 03 기타 조동사

Grammar 비교하며 익히기   p.46

❶ should take / should not take
❷ should consider / should not consider
❸ had better take / had better not take
❹ used to cook / am used to cooking
❺ used to sing / is used to singing

Sentence 비교하며 써보기   p.47

❶ should tell him about it / should not tell him about it
❷ should leave here now / should not leave here now
❸ had better stay here tonight / had better not stay here tonight
❹ had better take your umbrella / had better not take your umbrella
❺ would go on a picnic / is used to go on a picnic
❻ used to get up early / is used to getting up early
❼ used to play video games / was used to play video games

수행평가 SENTENCE WRITING

❶ You should drink enough water.
❷ You had better not eat meat.
❸ You should not go to bed late.

> ❶ should는 '〜하는 게 낫겠다(〜해야 한다)'를 의미하며, 동사원형이 뒤에 온다.
> ❷ '〜하는 게 낫겠다'를 뜻하는 had better의 부정은 not을 뒤에 붙여서 나타낸다.
> ❸ should의 부정인 should not은 '〜하지 않는 게 낫겠다(〜하면 안 된다)'를 뜻한다.

서술형 총정리   p.48-49

Grammar Point 기초

should take this medicine / had better take this medicine / used to keep a diary / would keep a diary

Grammar for Writing 문장 쓰기

❶ You should tell
❷ We should be
❸ We should not run
❹ You had better take
❺ He had better see
❻ You had better not jump
❼ We used to swim
❽ There used to be
❾ We would go fishing

Grammar for 서술형

✔ 기본

❶ had better consider it carefully

❷ should be proud of yourself
❸ used to be a gas station here
❹ would spend a lot of time together

✔ 심화

❶ You used to go to church every Sunday.
너는 일요일마다 교회에 가곤 했다. (지금은 안 간다.)
❷ He is used to staying up late at night.
그는 밤 늦게까지 깨어있는 데 익숙하다.
❸ You should not use a camera here.
너는 여기에서 카메라를 사용하지 않는 게 낫겠다.
❹ There used to be a playground on the hill.
그 언덕 위에 운동장이 있었다. (지금은 없다.)
❺ She would go on a picnic.
그녀는 소풍을 가곤 했다. (지금은 안 간다.)

PART 04 수동태

Unit 01 수동태의 형태와 의미

Grammar 비교하며 익히기 p.52

❶ are caught / is caught
❷ is loved / are loved
❸ are planted / is planted
❹ respects / is respected by
❺ are bought by / buy

Sentence 비교하며 써보기 p.53

❶ draw many pictures every day / are drawn by me every day
❷ buy them / are bought by many customers
❸ is washed by me every Sunday / wash the car every Sunday
❹ are created by an author / creates many characters
❺ fix computers / are fixed by repairmen
❻ are trusted by many students / trust teachers
❼ build robots / are built by engineers

수행평가 SENTENCE WRITING

❶ deliver letters
❷ are delivered by mailmen
❸ catch thieves
❹ are caught by police officers

❶ 능동태는 동사 뒤에 목적어(letters)가 온다.
❷ 주어 letters에 어울리는 be동사인 are과 deliver의 과거분사형인 delivered로 수동태를 나타낸다. 능동태 문장의 주어를 [by + 행위자]로 바꿔서 제일 뒤에 쓴다.
❸ 능동태의 동사 catch 다음에 목적어 thieves를 썼다.
❹ 수동태는 주어 뒤에 [be동사 + 과거분사]인 are caught를 쓴다. 맨 뒤에는 능동태 주어를 [by + 행위자]로 바꿔 쓴다.

서술형 총정리 p.54-55

Grammar Point 기초

uses / is used / clean / is cleaned

Grammar for Writing 문장 쓰기

1. are caught
2. is baked
3. is cleaned
4. are grown
5. are planted
6. is respected
7. are fixed
8. is spoken
9. are protected
10. are delivered

Grammar for 서술형

✔ 기본

1. The car is washed by me every Sunday.
2. Websites are designed by web designers.
3. Many pictures are drawn by me every day.
4. Many problems are discovered by an expert.
5. Robots are built by engineers.
6. Souvenirs are bought by tourists.

✔ 심화

1. are visited → are visited by
2. are cover by → are covered by

Unit 02 수동태의 시제와 문장의 종류

Grammar 비교하며 익히기 · · · · · · · · · · · · · · p.56

1. are made / were made
2. is copied / is not copied
3. were written / were not written
4. is loved / Is, loved
5. was planted / Was, planted

Sentence 비교하며 써보기 · · · · · · · · · · · · · · p.57

1. The vegetables are grown / The vegetables were grown
2. The blog is visited / The blog was visited

3. The center was built / The center was not built
4. The window was broken / The window was not broken
5. Websites are designed / Are websites designed
6. The school newspaper was made / Was the school newspaper made
7. The bottles were put / Were the bottles put

수행평가 SENTENCE WRITING

1. The car is not examined by him regularly.
2. The car was examined by him regularly.
3. The car was not examined by him regularly.

> 1. 수동태 부정문은 be동사 뒤에 not을 붙여 나타낸다.
> 2. 과거시제 긍정문은 [be동사의 과거형 + 과거분사]로 쓴다.
> 3. 과거시제 부정문은 be동사 과거형인 was나 were 뒤에 not을 써서 나타낸다.

서술형 총정리 p.58-59

Grammar Point 기초

is repaired / was repaired / is not designed / Is it designed

Grammar for Writing 문장 쓰기

1. The letter was delivered
2. The wall was painted
3. The accident was caused
4. Is the actor loved
5. Was the tree planted
6. Are they used
7. Was the problem solved
8. This paper is not copied
9. They were not taught
10. They were not written

Grammar for 서술형

✔ 기본

1. This photo was taken
2. The plan was canceled
3. Are vegetables grown
4. Were the presents wrapped

⑤ was not painted by Jane
⑥ are not made by them

✔ 심화

❶ The coins are used in Korea. / The coins were used in Korea.
❷ Were the bottles put on the shelf? / The bottles were put on the shelf.
❸ The animals were protected by them. / The animals were not protected by them.
❹ The window was broken by Matt. / The window was not broken by Matt.

Unit 03 ▶ 기타 형태의 수동태

Grammar 비교하며 익히기 p.60

❶ am tired of / am interested in
❷ is covered with / is known for
❸ are used / can be used
❹ is locked / has to be locked
❺ must be cleaned / is cleaned

Sentence 비교하며 써보기 p.61

❶ is tired of / is surprised at
❷ is involved in / is known for
❸ is filled with / is covered with
❹ The email has to be sent / The email may be sent
❺ The decision can be changed / The decision may be changed
❻ It can be cooked / It has to be cooked
❼ It can be used / It may be used

수행평가 SENTENCE WRITING

❶ I am worried about the chocolate cake
❷ The cake is covered with chocolate.
❸ The cake is filled with chocolate cream.

❶ '~에 대해 걱정하다'는 be worried about으로 나타낸다.
❷ '~로 덮여 있다'는 be covered with로 쓴다.
❸ '~로 가득 차 있다'는 be filled with로 나타낸다.

서술형 총정리 p.62-63

Grammar Point 기초

is involved in / is tired of / can be delivered / must be delivered

Grammar for Writing 문장 쓰기

❶ He was surprised at
❷ He is known as
❸ He is interested in
❹ The country is known for
❺ The place is covered with
❻ It must be considered
❼ This room has to be cleaned
❽ It may be used
❾ He can be protected
❿ The boxes must be removed

Grammar for 서술형

✔ 기본

❶ am worried about the result
❷ must be locked every night
❸ can be ordered
❹ has to be painted by him
❺ is filled with books
❻ is covered with dust

✔ 심화

❶ I am interested in the experiment. / I am involved in the experiment.
❷ She was known for teaching swimming. / She was tired of teaching swimming.
❸ The books can be used in his class. / The books may be used in his class.
❹ The decision can be changed by them. / The decision must be changed by them.

Grammar 비교하며 익히기 ······················· p.66

① 출간하는 것은 / 출간하는 것이다
② 수집하는 것이다 / 수집하는 것을
③ 먹이를 주는 것은 / 먹이를 주는 것을
④ 나누는 것을 / 나눌
⑤ 방문할 / 방문하는 것을

Sentence 비교하며 써보기 ······················· p.67

① To make a budget is / is to make a budget
② is to provide the information / a plan to provide the information
③ To finish the project is / want to finish the project
④ To edit books is / is to edit books
⑤ dangerous to build a tunnel here / want to build a tunnel here
⑥ important to make good friends / wants to make good friends
⑦ have enough money to buy the house / hope to buy the house

수행평가 SENTENCE WRITING

① is to own a restaurant
② hope to be a pilot
③ To chat with my friends is
④ need something to drink

① to부정사의 명사적 용법이며 문장 내에서 보어 역할을 한다.
② 동사 hope 뒤에서 목적어 역할을 하는 to부정사의 명사적 용법이다.
③ 주어 자리에서 쓰인 to부정사의 명사적 용법이다.
④ something을 뒤에서 수식하는 to부정사의 형용사적 용법으로 쓰였다.

서술형 총정리 ······················· p.68-69

Grammar Point 기초

To design my own bag / to design my own bag / to design my own bag / homework to complete

Grammar for Writing 문장 쓰기

① To decorate my room
② to collect stamps
③ to grow rice
④ to publish my own book
⑤ some food to share
⑥ something to drink
⑦ have summer clothes to wear
⑧ someone to visit here
⑨ someone to talk to
⑩ someone to help me

Grammar for 서술형

✔ 기본

① is dangerous to build a tunnel here
② dream is to be a bank teller
③ hope to be a pilot
④ have an old car to sell
⑤ decided to tell you the truth
⑥ made a plan to save money

✔ 심화

① is to own a restaurant
   그녀의 꿈은 식당을 소유하는 것이다.
② It is important to respect others.
   다른 사람들을 존중하는 것은 중요하다.
③ To set a goal is necessary.
   목표를 세우는 것은 필요하다.
④ There are many rooms to clean.
   청소할 많은 방들이 있다.

Grammar 비교하며 익히기 ······················· p.70

① (목적) 장식하기 위해 / (감정 원인) 장식해서
② (목적) 마시기 위해 / (판단 근거) 마시다니
③ (감정 원인) 머물러서 / (목적) 머물기 위해
④ (목적) 사기 위해 / (판단 근거) 사다니
⑤ (감정 원인) 있어서 / (결과) 되다

Sentence 비교하며 써보기 p.71

❶ visited the office to join the club / was excited to join the club
❷ must be tired to sleep early / finished his homework to sleep early
❸ lived to be ninety / was glad to be a singer
❹ must be smart to be a doctor / grew up to be a doctor
❺ saved money to buy the car / must be rich to buy the car
❻ grew up to be a firefighter / was happy to be a firefighter
❼ was pleased to see you / came here to see you

수행평가 SENTENCE WRITING

❶ to be a scientist
나는 자라서 과학자가 되었다.
❷ to work with you
나는 너와 일하게 되어서 기쁘다.
❸ to protect the environment
우리는 환경을 보호하기 위해 나무를 심는다.
❹ to say so
그녀는 그렇게 말하다니 버릇 없는 게 틀림없다.

❶ to부정사 부사적 용법 중 결과를 나타낸다.
❷ 감정 형용사 glad와 함께 쓰여 감정의 원인을 나타낸다.
❸ '~하기 위해'는 목적의 의미를 나타낸다.
❹ 조동사 must와 함께 쓰여 판단의 근거를 의미한다.

서술형 총정리 p.72-73

Grammar Point 기초

조종사가 되기 위해 / 조종사가 되어서 / 조종사가 되다니 / 조종사가 되다

Grammar for Writing 문장 쓰기

❶ to decorate my room ❷ to leave this school
❸ to draw pictures ❹ to talk with you
❺ to join the club ❻ to sleep early
❼ must be rich to buy it ❽ grew up to be a doctor
❾ lived to be ninety ❿ grew up to be a writer

Grammar for 서술형

✔ 기본

❶ I'm glad to work with you.
❷ I need a backpack to carry books.
❸ She must be kind to help me.
❹ I woke up to find myself famous.
❺ I grew up to be a firefighter.

✔ 심화

❶ I am happy to marry you.
나는 너와 결혼해서 기쁘다.
❷ She must be lazy to sleep too much.
그녀는 잠을 너무 많이 자다니 게으른 게 틀림없다.
❸ You must be clever to solve the problem.
너는 그 문제를 풀다니 영리한 게 틀림없다.
❹ They came here to discover the truth.
그들은 진실을 알아내기 위해 이곳에 왔다.
❺ He lived to be seventy.
그는 70세까지 살았다.

Unit 03 to부정사의 활용

Grammar 비교하며 익히기 p.74

❶ when to sleep / where to sleep
❷ how to explain / what to explain
❸ too big / big enough
❹ old enough / too old

Sentence 비교하며 써보기 p.75

❶ where to meet her / when to meet her
❷ where to park your car / when to park your car
❸ how to fix this phone / where to fix this phone
❹ how to begin it / when to begin it
❺ too upset to talk to me
❻ large enough to hold the animals
❼ clever enough to win the prize

수행평가 SENTENCE WRITING

❶ I am too sick to carry the boxes.
❷ She is too weak to lift the boxes.
❸ He is strong enough to carry the boxes.

> ❶❷ '~하기에 너무 …한'을 뜻하는 too ~ to가 사용된 문장으로 바꿔쓸 수 있다.
> ❸ '그가 그 상자들을 나르기에 충분히 강하다'는 긍정의 의미를 내포하는 enough to를 사용하여 바꿔 쓴다.

서술형 총정리
p.76-77

Grammar Point 기초

how to swim / where to swim / too, to swim / enough to swim

Grammar for Writing 문장 쓰기

❶ when to begin
❷ how to apologize
❸ where to go
❹ when to leave
❺ how to improve
❻ clever enough to win

❼ big enough to carry
❽ tall enough to wear
❾ too hot to walk
❿ too weak to carry

Grammar for 서술형

✔ 기본

❶ didn't decide how to explain it
❷ don't know where to meet her
❸ when to park your car
❹ told me how to begin it
❺ clever enough to be a doctor
❻ too nervous to be alone

✔ 심화

❶ I don't know when to sleep tonight. / I don't know where to sleep tonight.
❷ Tell me how to use it. / Tell me when to use it.
❸ He is too old to drive a car. / He is old enough to drive a car.
❹ I am too big to sit on this chair. / I am big enough to sit on this chair.

PART 06 동명사와 분사

Unit 01 ▶ 동명사의 역할과 쓰임

Grammar 비교하며 익히기 p.82

❶ Attending / Going to
❷ being / meeting
❸ listening to / watching
❹ enjoyed / practiced
❺ suggested / avoided
❻ disliked / avoided

Sentence 비교하며 써보기 p.83

❶ Sweeping a floor is / dislike sweeping a floor
❷ is writing poems / am good at writing poems
❸ talked about changing the curtains / Changing the curtains is
❹ enjoy keeping a diary / is keeping a diary
❺ suggested working in Europe / looks forward to working in Europe
❻ Baking cookies is / is baking cookies
❼ am worried about making new friends / Making new friends is

수행평가 SENTENCE WRITING

❶ Audrey is good at swimming.
❷ I enjoy reading books.
❸ Tania gave up playing the piano.
❹ They look forward to seeing you.

❶ '~을 잘하다'는 be good at으로 나타내며, 전치사 at의 목적어로 동명사를 취한다.
❷ 동사 enjoy는 동명사를 목적어로 취한다.
❸ give up은 동명사를 목적어로 취한다.
❹ look forward to 뒤에 see의 동명사 seeing을 써서 동명사 문장을 완성한다.

서술형 총정리   p.84-85

Grammar Point 기초

Playing tennis / playing tennis / playing tennis / playing tennis

Grammar for Writing 문장 쓰기

❶ Attending a festival
❷ buying stamps
❸ listening to music
❹ being an inventor
❺ beginning the project
❻ trying foreign foods
❼ preparing for the exam
❽ climbing the mountain
❾ making a budget
❿ Sweeping a floor

Grammar for 서술형

✔ 기본

❶ dream is volunteering in Africa
❷ hobby is watching a movie
❸ I enjoy playing the cello.
❹ Singing is fun.
❺ Ordering food online is easy.

✔ 심화

❶ Baking cookies is difficult.
쿠키를 굽는 것은 어렵다.
❷ Setting a goal is important.
목표를 세우는 것은 중요하다.
❸ We suggested sharing food with them.
우리는 그들과 음식을 나누는 것을 제안했다.
❹ I am worried about making new friends.
나는 새 친구들을 사귀는 것에 대해 걱정한다.
❺ I look forward to working in Europe.
나는 유럽에서 일하기를 고대한다.

Unit 02 동명사의 활용

Grammar 비교하며 익히기   p.86

❶ exercising / to exercise
❷ bringing / to bring
❸ opening / to open
❹ turning off / to turn off
❺ look forward to / go

Sentence 비교하며 써보기   p.87

❶ avoid buying the fruits / avoid eating the fruits
❷ enjoy talking with her / enjoy cooking with her
❸ tried calling my friend / tried to call my friend
❹ I remember taking this medicine / Remember to take this medicine
❺ forgot to ask the question / forgot asking the question
❻ had difficulty/trouble doing my schoolwork / was busy doing my schoolwork
❼ I feel like riding / How/What about riding

수행평가 SENTENCE WRITING

❶ I forgot to clean my room.
❷ How/What about sweeping the floor?
❸ Remember to clean your room

❶ '~할 것을 잊다'는 미래에 할 일을 잊어버린 의미이므로 forget 다음에 to부정사를 쓴다.
❷ How/What about ~?은 '~하는 게 어때?'라는 뜻이며 about 다음에 동명사를 취한다.
❸ 청소할 것은 과거에 했던 일이 아니라 미래에 할 일에 관한 것이므로 동사 remember 뒤에 to부정사를 쓴다.

서술형 총정리   p.88-89

Grammar Point 기초

buying / to buy / feel like jogging / am busy jogging

Grammar for Writing 문장 쓰기

❶ She forgot to ask
❷ Remember to take

❸ I tried to control
❹ I tried to call
❺ He tried using
❻ Don't forget to bring
❼ She feels like watching
❽ They had difficulty/trouble providing
❾ How/What about wearing
❿ I went shopping

Grammar for 서술형

✔ 기본

❶ forgot turning off the light
❷ had difficulty posting the letters
❸ How about cleaning the room now?
❹ What about accepting the offer?
❺ had trouble riding a motorcycle
❻ go fishing every Sunday

✔ 심화

❶ He gave up exercising with her. / He planned to exercise with her.
❷ I minded bringing the photograph. / I promised to bring the photograph.
❸ I tried opening the door. / I tried to open the door.
❹ Layla feels like decorating her room. / Layla is busy decorating her room.

Unit 03 분사의 역할과 쓰임

Grammar 비교하며 익히기 p.90

❶ stealing / stolen
❷ satisfying / satisfied
❸ cooking / cooked
❹ taking / taken
❺ cleaned / cleaning

Sentence 비교하며 써보기 p.91

❶ The lady baking bread / the baked bread
❷ The cooking man / the cooked rice
❸ pushing the chair / the chairs pushed

❹ was writing a letter / was already written
❺ was making dinner / was made by her
❻ the chair moved / the lady moving the chair
❼ him writing numbers / the numbers written by him

수행평가 SENTENCE WRITING

❶ fixing the bicycle is my brother
❷ was fixing the bicycle
❸ saw my bicycle fixed
❹ saw my brother fixing the bicycle

> ❶ fix의 현재분사 형태는 앞의 명사 the boy를 수식한다.
> ❷ fix의 현재분사 형인 fixing은 주어 I의 행위를 설명하고 있다.
> ❸ 과거분사 형 fixed는 목적어 my bicycle이 수리된 상태를 설명하고 있다.
> ❹ 목적어 my brother이 fixing하는 행위를 설명하는 문장이다.

서술형 총정리   p.92-93

Grammar Point 기초

falling / fallen / boring / bored

Grammar for Writing 문장 쓰기

❶ my stolen wallet
❷ the swimming dolphin
❸ the bread baked by my dad
❹ them jumping
❺ that singing boy
❻ the following question
❼ written by Min
❽ making dinner
❾ the children crying
❿ is fishing

Grammar for 서술형

✔ 기본

❶ My daughter likes the dancing clown.
❷ Look at that jumping kangaroo.
❸ Eat the boiled eggs.
❹ I saw the running rabbit.
❺ I heard the students screaming.

✔ 심화

❶ They saw the eagle flying.
그들은 그 독수리가 날아가고 있는 것을 봤다.

❷ The ringing phone is mine.
울리고 있는 그 전화기는 내 것이다.

❸ I am riding a fixed bicycle.
나는 수리된 자전거를 타고 있는 중이다.

❹ He is writing a letter.
그는 편지를 쓰고 있는 중이다.

❺ Look at that printed paper.
인쇄된 저 종이를 봐라.

---

❶ 그 선물들이 만족하게 만들었으므로 현재분사 형인 satisfying 으로 동사의 형태를 바꿔 쓴다

❷ 그들이 만족했던 감정상태이므로 과거분사 형인 satisfied를 쓴다.

❸ 그 게임은 재미있는 감정을 유발했으므로, 현재분사 형인 exciting을 쓴다.

❹ 그는 재미있어 했던 감정의 상태를 나타내므로, 과거분사 형인 excited가 필요하다.

Unit 04 ▶ 감정분사와 분사구문

Grammar 비교하며 익히기 ··········· p.94

❶ confused / confusing
❷ exciting / excited
❸ touched / touching
❹ satisfying / satisfied
❺ bored / boring
❻ surprising / surprised

Sentence 비교하며 써보기 ··········· p.95

❶ was shocking / were shocked
❷ We were satisfied. / The service was satisfying.
❸ She was confused. / The question was confusing.
❹ I was touched. / The book was touching.
❺ Cleaning my room, I found a pen.
❻ Riding a bike, I felt the fresh air.
❼ Calling my name, she smiled at me.

수행평가 SENTENCE WRITING

❶ The presents were satisfying.
❷ They were satisfied.
❸ The game was exciting.
❹ He was excited.

서술형 총정리 ····· p.96-97

Grammar Point 기초

satisfying / satisfied / Watching

Grammar for Writing 문장 쓰기

❶ was confused
❷ was exciting
❸ was touching
❹ was disappointed
❺ was satisfying
❻ Watching TV, I
❼ Singing pop songs, she
❽ Waiting for his child, he
❾ Driving my car, I
❿ Drinking water, I

Grammar for 서술형

✔ 기본

❶ Look at the broken picture frame.
❷ You look tired.
❸ Calling my name, she smiled at me.
❹ Cleaning my room, I found a pen.
❺ Riding a bike, I felt the fresh air.
❻ Walking along the street, we saw her.
❼ The TV show was boring.

✔ 심화

❶ Change → Changing
❷ Eat → Eating

Unit 01 형용사와 부사

Grammar 비교하며 익히기 ···················· p.100

❶ urgent / urgently
❷ loud / loudly
❸ hard / hardly
❹ Lately / late
❺ high / highly

Sentence 비교하며 써보기 ···················· p.101

❶ is comfortable / in the bed comfortably
❷ grammar simply / simple grammar
❸ moved smoothly / smooth moves
❹ was late / opened late / hot lately
❺ works hard / a hard worker / hardly cry
❻ that high mountain / jump high / highly intelligent

수행평가 SENTENCE WRITING

❶ He plays computer games late at night.
❷ He hardly plays computer games.
❸ Lately, he plays computer games too much.

> ❶ '늦게'라는 뜻으로 부사 late가 쓰였다.
> ❷ hard에 -ly을 붙여 부사 '거의 ~ 않다'의 뜻을 가진다.
> ❸ late에 -ly를 붙여 '최근에'라는 의미의 부사가 된다.

서술형 총정리 ······················ p.102-103

Grammar Point 기초

polite / politely / late / lately

Grammar for Writing 문장 쓰기

❶ upset easily
❷ me sad
❸ a strange person
❹ truly apologized
❺ rains heavily
❻ Suddenly, she left
❼ opened late
❽ hardly play computer games
❾ was late for school
❿ works hard

Grammar for 서술형

✔ 기본

❶ explains grammar simply
❷ is comfortable
❸ is highly dangerous
❹ hardly studies on weekends
❺ went to bed late yesterday
❻ fell late at night

✔ 심화

❶ She made the urgent call. / She made the call urgently.
❷ He moved smoothly. / He showed smooth moves.
❸ I heard the loud scream. / I heard them scream loudly.
❹ They exercise hard every day. / They hardly exercise.

Unit 02 비교급 표현

Grammar 비교하며 익히기 ···················· p.104

❶ bad / worse
❷ light / lighter
❸ well / as well as
❹ cute / so cute as
❺ busy / as busy as

Sentence 비교하며 써보기 ···················· p.105

❶ is scary / is scarier than this story / is far scarier than this story
❷ is deep / is deeper than the pond / is much deeper than the pond
❸ is expensive / is as expensive as yours / is not as/ so expensive as yours
❹ is cheap / is as cheap as that hat / is not as/so cheap as that hat
❺ wakes up early / wakes up as early as Bomi / doesn't wake up as/so early as Bomi

❶ is as tall as Sam   ❷ is heavier than Harry
❸ is not so heavy as Sam

❶ 키를 비교하는 문장으로 Harry의 키는 Sam과 같으므로,
주어진 조건을 활용하여 as tall as를 사용한 'Harry는
Sam만큼 크다.'라는 문장이 되어야 한다.
❷ 몸무게를 비교하는 문장으로, heavy의 비교급과 than을
이용하여 Sam이 Harry보다 더 무거운 것을 나타낸다.
❸ 몸무게를 비교하는 문장으로 주어 Harry가 Sam보다
무겁지 않으므로, 주어진 조건인 so를 이용하여 부정문인
not so ~ as 문장을 쓴다.

서술형 총정리

p.106-107

Grammar Point 기초

more beautiful than / more diligent than / as famous
as / not as/so famous as

Grammar for Writing 문장 쓰기

❶ more useful than
❷ more helpful than
❸ much taller than
❹ as fluently as Jim
❺ as serious as my mom
❻ as early as Mia
❼ not as/so healthy as Peter
❽ not as/so sweet as mine
❾ as/so often as James

Grammar for 서술형

✔ 기본

❶ is scarier than this story
❷ is deeper than the pond
❸ is as cheap as that hat
❹ is not as/so busy as yesterday
❺ is much friendlier than my grandfather
❻ is a lot more comfortable than mine

✔ 심화

❶ This TV show is more interesting than the book. /
This TV show is interesting.
❷ She is creative. / She is far more creative than Tom.

❸ I can run fast. / I can run as fast as Anna.
❹ My car isn't expensive. / My car isn't as/so expensive
as yours.

Unit 03 최상급 표현

Grammar 비교하며 익히기 ···················· p.108

❶ famous / the most famous
❷ one of the strongest students / strong student
❸ beautiful city / one of the most beautiful cities
❹ lighter than any other bag / light

Sentence 비교하며 써보기 ···················· p.109

❶ narrow / the narrowest / one of the narrowest rivers
/ narrower than any other river
❷ thin / the thinnest / one of the thinnest books /
thinner than any other book
❸ a wise man / the wisest man / one of the wisest
men / wiser than any other man
❹ an easy question / the easiest question / one
of the easiest questions / easier than any other
question

❶ is the cheapest item in the store
❷ is cheaper than any other item in the store
❸ is one of the most expensive items in the store

❶ 주어인 the hat은 가장 싼 물건이므로, the에 cheap의
최상급을 붙여 the cheapest가 들어가는 문장을 쓴다.
❷ 주어 the hat은 가장 저렴한 물건이므로, cheap의
비교급을 사용하여 cheaper than any other item이
들어가는 문장을 쓴다.
❸ 주어진 주어 the dress는 티셔츠와 같이 비싼 물건 중
하나이므로, one of the most expensive items를
이용하여 쓴다.

Grammar Point 기초

unique / the most unique / one of the most unique /
more unique than any other

Grammar for Writing 문장 쓰기

❶ the most famous player
❷ the tallest
❸ one of the strongest students
❹ one of the most beautiful cities
❺ one of the most expensive items
❻ stronger than any other jewel
❼ narrower than any other river
❽ thinner than any other book
❾ lighter than any other bag

Grammar for 서술형

✔ 기본

❶ Pizza is the most delicious food in this restaurant.
❷ She is better than any other figure skater in Korea.
❸ I'm richer than any other person in Japan.
❹ He is one of the funniest comedians in Korea.
❺ Summer is the hottest of the four seasons.
❻ She is one of the most popular singers in Canada.
❼ It is longer than any other river in this town.

✔ 심화

❶ greater → greatest
❷ most → more

PART 08 관계사

Unit 01 관계대명사 주격과 소유격

Grammar 비교하며 익히기 · · · · · · · · · · · · · · · p.114

❶ who / which
❷ which / who
❸ which / whose
❹ whose / which

Sentence 비교하며 써보기 · · · · · · · · · · · · · · p.115

❶ a lady who had a car accident / a cat which had a car accident
❷ a nephew that is 9 years old / a dog that is 9 years old
❸ the fish which is swimming / the boy who is swimming
❹ Luna is my sister who has / Luna is the cat which has
❺ a teddy bear that is very big / a teddy bear whose eyes are very big
❻ a dog whose tail is long / a dog which has a long tail
❼ the girl who lives next door? / the girl whose wallet was stolen?

수행평가 SENTENCE WRITING

❶ My neighbor is a woman who is tall.
❷ I know some people who are doctors.
❸ She is the sales person whose name is Nancy.

❶ 선행사 a woman과 주어진 주격 관계대명사 who를 사용하여 문장을 완성한다.
❷ 몇몇 사람들 some people을 선행사로 취하고, 그에 맞는 주어진 주격 관계대명사인 who를 취한다.
❸ 선행사 the sales person과 whose 소유격 관계대명사가 필요한 문장이다.

Grammar Point 기초

who want to see her / whose son was a painter

Grammar for Writing 문장 쓰기

❶ some people who are
❷ the boy who bought
❸ people who smoke
❹ the comedian whose feet are
❺ two pens whose colors are
❻ her who runs
❼ a box which is
❽ that girl whose hair is
❾ the man that earned

Grammar for 서술형

✔ 기본

❶ I read about a man who came for gold.
❷ There are students that are from Spain.
❸ The girl is my cousin who wants to be a director.
❹ I like the novel whose author is very famous.
❺ Seoul is a city whose night view is amazing.
❻ I know her whose dog is really big.

✔ 심화

❶ is my book whose cover is cute
이것은 (책) 표지가 귀여운 내 책이다.
❷ raise a dog whose tail is long
나는 꼬리가 긴 개를 키운다.
❸ is the leader who works hard
그는 열심히 일하는 리더이다.
❹ went to a building which was very old
나는 아주 오래된 건물에 갔다.

Unit 02 관계대명사 목적격과 what

Grammar 비교하며 익히기 ·················· p.118

❶ which / who(m)
❷ who(m) / which
❸ what / what
❹ what / that
❺ what / what

Sentence 비교하며 써보기 ·················· p.119

❶ the girl whom he knows / the book which he knows
❷ my classmate whom I like / the food that I like
❸ the guy whom she likes? / the restaurant which she likes?
❹ What I need is your love. / Your love is what I need.
❺ Tell me what you did. / What you did was very bad.
❻ I understand what she said. / This is what she said.
❼ I can't answer what you asked me. / What you asked me was difficult.

수행평가 SENTENCE WRITING

❶ I understand what you said
❷ what you need now is to study hard

> ❶ '네가 말한 것'은 관계대명사 what을 사용하여 문장을 완성한다. 이 관계대명사는 선행사를 이미 포함하고 있으므로 선행사를 쓸 필요가 없다.
> ❷ 관계대명사 what 절을 주어 자리에 쓰고, to부정사를 보어 자리에 쓴 우리말에 맞는 문장을 완성한다.

서술형 총정리 ························· p.120-121

Grammar Point 기초

which she recommends / What she said / what she said

Grammar for Writing 문장 쓰기

❶ This is the diary which
❷ I need the information which
❸ I know the plant that
❹ Taste the food that
❺ I'm reading the letter which
❻ She is the student whom
❼ The boy whom you met
❽ what you remember
❾ what you explained
❿ what you brought

Grammar for 서술형

✔ 기본

① I take care of the pet which she liked.
② Keep the secret that I told you.
③ What is on the desk is mine.
④ Tell me what you did.
⑤ Look at what Joshua drew.
⑥ This is what she needs.

✔ 심화

① I can't answer what you asked me.
나는 네가 내게 물었던 것에 대답하지 못한다.
② I understand what she is talking about.
나는 그녀가 말하고 있는 것에 대해 이해한다.
③ fruit which you picked isn't fresh
네가 고른 그 과일은 싱싱하지 않다.
④ performance which I saw was great
내가 본 그 공연은 훌륭했다.

Unit 03 관계대명사 계속적 용법과 관계부사

Grammar 비교하며 익히기 ·········· p.122

① my teacher, who / my teacher who
② a concert which / a concert, which
③ how / why
④ the way / the day

Sentence 비교하며 써보기 ·········· p.123

① many people, who were retired / many people who were retired
② a guy, who has a disease / a guy who has a disease
③ a closet, which my dad made me / the closet which my dad made me
④ a concert hall, which is huge / a concert hall which is huge
⑤ the reason why I like the park / the park where I play every weekend

⑥ the place where I found the wallet / the date when I found the wallet
⑦ the year when he came back to Korea / the reason why he came back to Korea

수행평가 SENTENCE WRITING

① I received a text message, which was from my mom.
② My mom wanted to know the place where I was.
③ I don't know the reason why she was upset.

> ① 우리말에 따라 관계대명사 계속적 용법 문장을 쓴다. 선행사 a text message 다음에 콤마와 관계대명사 which를 써서 문장을 완성한다.
> ② 관계부사 문장이며, 선행사가 the place로 장소를 나타내므로 관계부사는 where을 쓴다.
> ③ 관계부사 문장으로, 선행사에 따라 관계부사의 종류가 달라진다. the reason이 선행사가 되므로 필요한 관계부사는 why이다.

서술형 총정리 p.124-125

Grammar Point 기초

which is famous / where I live

Grammar for Writing 문장 쓰기

① my teacher, who is
② a concert, which was
③ a dress, which was
④ dinner, which my mom made
⑤ a concert hall, which is
⑥ how they could set up
⑦ the reason why I cried
⑧ the date when he arrives
⑨ the reason why you are

Grammar for 서술형

✔ 기본

① I bought a bag, which was very cheap.
② I had lunch, which my dad made.
③ I took an exam, which was not difficult.
④ I understand the reason why she is upset.
⑤ Don't forget the day when we started dating.

1 This is the place where I found the wallet.
이곳은 내가 그 지갑을 발견했던 장소이다.

2 I want to know the date when he arrives here.
나는 그가 여기에 도착하는 날짜를 알고 싶다.

3 There was an earthquake, which killed many people.
지진이 있었는데, 그것은 많은 사람들을 죽였다.

4 I received a message, which was from my mom.
나는 메시지를 받았는데, 그것은 우리 엄마에게서 온 것이었다.

PART 09 접속사와 가정법

Unit 01 부사절 접속사

Grammar 비교하며 익히기 · · · · · · · · · · · · · · · · p.128

1 Before / After
2 As / When
3 if / unless
4 Unless / If

Sentence 비교하며 써보기 · · · · · · · · · · · · · · p.129

1 Before you enter the library, / When you enter the library,
2 If you know the answer, / Unless you know the answer,
3 If you don't keep the promise, / Unless you keep the promise,
4 because he was sleeping / while he was sleeping
5 if you don't wake up early / unless you wake up early

수행평가 SENTENCE WRITING

1 When I was young, I enjoyed drawing.
2 Because I liked drawing, I wanted to be a great artist.
3 If I know some artists, I want to ask them many questions.

1 '~할 때'를 나타낼 때는 시간 접속사 when을 사용할 수 있다.
2 '~해서'는 '~때문에'(이유)를 의미하므로, 접속사 because를 써서 나타낸다.
3 '만약 ~한다면'은 조건 접속사인 if를 사용해서 나타낼 수 있다. 또 다른 조건 접속사인 unless는 if not으로 부정의 의미를 나타내므로, 주어진 우리말에는 if를 써야 한다.

서술형 총정리
p.130-131

Grammar Point 기초

Before I go jogging, / After I go jogging, / If you leave / Unless you leave

Grammar for Writing 문장 쓰기

1 While I am traveling,
2 Because I caught a cold,
3 when you see a red sign
4 before you say something
5 If you don't want to do it,
6 Unless you want to do it,
7 unless I call you
8 if I don't call you

Grammar for 서술형

✔ 기본

1 When he takes a shower,
2 While he was sleeping,
3 as she knows the answer
4 after I borrow some money
5 While you are walking on the street,

✔ 심화

1 When it rains, we don't drive a car. / While it is raining, we don't drive a car.
2 Before you enter the library, turn off your cellphone. / After you turn off your cellphone, enter the library.

❸ If you know the answer, raise your hand. / Unless you know the answer, raise your hand.

❹ If you want to read the book, borrow it now. / Unless you want to read the book, return it now.

❶ not only ~ but also는 '~뿐만 아니라 …도'의 의미이므로, Jimmy가 좋아하는 과목인 수학과 영어에 관한 문장을 써야 한다.

❷ as well as는 '…뿐만 아니라 ~도'의 뜻으로, Miya가 좋아하는 두 가지 과목인 Korean과 English를 쓴다. 우리말로 쓸 때 순서에 유의한다.

❸ 접속사 both가 힌트로 있으므로, Jimmy와 Miya가 둘 다 좋아하는 과목인 English를 쓴다.

Unit 02 ▶ 상관접속사와 that의 쓰임

Grammar 비교하며 익히기 ·················· p.132

❶ either / both
❷ both / either
❸ Both / Either
❹ not only / as well as
❺ as well as / not only

Sentence 비교하며 써보기 ·················· p.133

❶ Both you and he can download it / Either you or he can download it
❷ Either Jiho or Seyeon will attend / Both Jiho and Seyeon will attend
❸ not only a plan but also a budget / a budget as well as a plan
❹ diligent as well as careful / not only careful but also diligent
❺ I hope that you have / My hope is that you have
❻ That she likes Roger is true. / I know the fact that she likes Roger.
❼ It is true that he is / I believe that he is

수행평가 SENTENCE WRITING

❶ likes not only math but also English
Jimmy는 수학뿐 아니라 영어도 좋아한다.
❷ likes Korean as well as English
Miya는 영어뿐 아니라 한국어도 좋아한다.
❸ and Miya like English
Jimmy와 Miya 모두 영어를 좋아한다.

서술형 총정리 p.134-135

Grammar Point 기초

Either you or he / Both you and he / That she keeps a diary / that she keeps a diary

Grammar for Writing 문장 쓰기

❶ Both Tom and Jack
❷ Either Tom or Jack
❸ not only English but also Korean
❹ Korean as well as English
❺ either speak or write to him
❻ both speak and write to him
❼ I hope that you have
❽ That you won the prize
❾ It is true that she is
❿ The truth is that he broke

Grammar for 서술형

✔ 기본

❶ The movie was not only interesting but also educational.
❷ They are diligent as well as careful.
❸ The point is that we work hard.
❹ That she is Korean is surprising.
❺ It is certain that he wants to be a model.

✔ 심화

❶ Both he and I took part in the contest.
그와 나는 모두 그 대회에 참가했다.
❷ Either Jiho or Seyeon will attend the party.
Jiho 혹은 Seyeon이 그 파티에 참석할 것이다.
❸ I heard that you won the prize.
나는 네가 그 상을 받았다는 것을 들었다.

④ It is true that he is a rude person.
그가 무례한 사람이라는 것은 사실이다.

Unit 03 가정법

Grammar 비교하며 익히기 ·················· p.136

① had cleaned / cleaned
② did / had done
③ were / had been
④ would have gone / would go

Sentence 비교하며 써보기 ·················· p.137

① saw her, I would talk / had seen her, I would have talked
② went to the church, I would meet / had gone to the church, I would have met
③ were rich, he might buy / had been rich, he might have bought
④ read the book, you could answer / had read the book, you could have answered
⑤ had enough time, they could visit / had had enough time, they could have visited

수행평가 SENTENCE WRITING

① If you bought me a gift, I would be happy.
② If you had bought me a gift, I would have been happy.
③ If I knew your birthday, I could buy you a gift.
④ If I had known your birthday, I could have bought you a gift.

① 내게 선물을 사주는 것에 관한 현재 사실의 반대를 가정하고 있으므로, 가정법 과거 문장을 써야 한다.
② 우리말을 보면 '~해 줬다면, …했었을 텐데'를 말하고 있으므로, 과거 사실의 반대를 가정하는 가정법 과거완료 문장을 쓴다.
③ 네 생일을 알지 못하므로 현재 사실의 반대를 가정하고 있다.
④ 생일을 알지 못했기 때문에 너에게 선물을 사줄 수 없었던 것을 말하는 가정법 과거완료 문장을 쓴다.

서술형 총정리 p.138-139

Grammar Point 기초

If I were an adult, / If I had been an adult, / I would call him / I would have called him

Grammar for Writing 문장 쓰기

① If I had a car,
② If I had a cellphone,
③ I might buy your gift
④ I would meet you there
⑤ If I had known the address,
⑥ If I had had money,
⑦ I could have met him
⑧ he could have bought the house

Grammar for 서술형

✔ 기본

① If I cleaned my room,
② I could have answered the question
③ If I had worn glasses,
④ I could catch the bus
⑤ If I had traveled to Seoul,

✔ 심화

① If I were good at math, I would help you. / If I had been good at math, I would have helped you.
② If I knew his address, I might tell you. / If I had known his address, I might have told you.
③ If I had enough time, I could visit you. / If I had had enough time, I could have visited you.
④ If I did exercise, I would lose my weight. / If I had done exercise, I would have lost my weight.

Unit 01 대명사

Grammar 비교하며 익히기 · · · · · · · · · · · · · · · · · p.142

① It / one
② It / It
③ the others / others
④ himself / him

Sentence 비교하며 써보기 · · · · · · · · · · · · · · · · · p.143

① It is hot today. / It is important to drive safely.
② It looks nice. / I will buy one
③ She introduced herself / He introduced her
④ They should trust us / We should trust ourselves
⑤ One is a doctor, and the other is a car racer. / One is a doctor, another is a car racer, and the other is a teacher.
⑥ Some are red, and the others are blue. / Some are red, and others are blue.

수행평가 SENTENCE WRITING

① Some are dogs, and others are cats.
② Some are dogs, and the others are cats.
③ One is a dog, and the other is a cat.

> ① 전체 몇 마리인지 알 수 없으므로, some과 others를 사용하여 문장을 완성한다. some과 others를 제외하고도 남은 동물들이 있다.
> ② 전체 총 5마리이므로 몇 마리 some과 나머지 전부 the others를 취한다.
> ③ 모두 두 마리이므로, one과 the other를 쓴다.

서술형 총정리 · p.144-145

Grammar Point 기초

It / one / One, another, the other / myself

Grammar for Writing 문장 쓰기

① It is raining
② It looks so small.
③ I will buy one,
④ the other is orange

⑤ Some are doctors,
⑥ another likes pears,
⑦ trust ourselves
⑧ He saw himself
⑨ learned to respect themselves

Grammar for 서술형

✔ 기본

① One is red, and the other is white.
② One is an astronaut, another is a car racer, and the other is a teacher.
③ She introduced herself to them.
④ We should try to understand ourselves.
⑤ It is dangerous to drive at night.
⑥ It is not easy to learn English.

✔ 심화

① one → it
② another → the others

Unit 02 간접의문문과 부가의문문

Grammar 비교하며 익히기 · · · · · · · · · · · · · · · · · p.146

① is he / he is
② does he go / he goes
③ does she want / she wants
④ isn't she / is she
⑤ doesn't he / does he

Sentence 비교하며 써보기 · · · · · · · · · · · · · · · · · p.147

① When does the concert start? / when the concert starts
② Why does he leave home early? / why he leaves home early?
③ Why is she late? / why she is late
④ Where does he live? / where he lives?
⑤ aren't ready, are they? / are ready, aren't they?

⑥ didn't cause the fire, did she? / caused the fire, didn't she?
⑦ knows your address, doesn't she? / doesn't know your address, does she?

수행평가 SENTENCE WRITING

① Today is Anna's birthday, isn't it?
② Do you know what she needs?
③ She likes reading books, doesn't she?

> ① 앞 문장에서 현재시제 be동사 긍정이므로, '그렇지 않니'에 해당하는 부가의문문은 현재시제 be동사의 부정형으로 쓴다.
> ② [의문사what + 주어she + 동사needs]의 간접의문문을 쓴다.
> ③ 앞 문장이 현재시제 일반동사 긍정이므로, 부가의문문에는 현재시제 일반동사 부정인 doesn't she를 쓴다.

✔ 심화

① Do you know why she is late? / Why is she late?
② Where does he live? / Do you know where he lives?
③ You were ready, weren't you? / You weren't ready, were you?
④ Kate plays the piano every day, doesn't she? / Kate doesn't play the piano every day, does she?

서술형 총정리   p.148-149

Grammar Point 기초

I don't know why he is shouting. / don't you? / is it?

Grammar for Writing 문장 쓰기

① who he is
② who they are
③ what she wants?
④ where he goes?
⑤ why they leave here?
⑥ is Korean, isn't he?
⑦ were students, weren't they?
⑧ isn't a writer, is she?
⑨ didn't like cooking, did he?
⑩ doesn't have a cellphone, does he?

Grammar for 서술형

✔ 기본

① when her birthday is
② how she goes to school
③ don't drive, do they?
④ when the concert starts
⑤ delayed his journey, didn't he?

중학영문법 문법이 쓰기다 서술형

MEMO

✶ 중학 영문법

문법이 쓰기다

서술형 집중훈련

교육 R&D에 앞서가는
Key 키출판사